本书获得2020年西南财经大学教师教学发展项目（2019jsfz001和2020j
中央高校教育教学改革专项"专业学位教学案例建设"项目（2020YJG

U0518472

旅游管理类 教学案例研究

艾 进 吕兴洋 王远均 魏 华 杨占东／著

Lüyou Guanlilei
Jiaoxue Anli Yanjiu

西南财经大学出版社

四川·成都

图书在版编目(CIP)数据

旅游管理类教学案例研究 /艾进等著 .—成都:西南财经大学出版社,
2020. 11

ISBN 978-7-5504-4532-1

Ⅰ. ①旅…　Ⅱ. ①艾…　Ⅲ. ①旅游经济—经济管理—教案(教育)—高等
学校　Ⅳ. ①F590

中国版本图书馆 CIP 数据核字(2020)第 169999 号

旅游管理类教学案例研究

艾进　吕兴洋　王远均　魏华　杨占东　著

责任编辑:李晓嵩
助理编辑:陈何真璐
封面设计:墨创文化
责任印制:朱曼丽

出版发行	西南财经大学出版社(四川省成都市光华村街 55 号)
网　　址	http://www.bookcj.com
电子邮件	bookcj@ foxmail.com
邮政编码	610074
电　　话	028-87353785
照　　排	四川胜翔数码印务设计有限公司
印　　刷	四川五洲彩印有限责任公司
成品尺寸	185mm×260mm
印　　张	11
字　　数	228 千字
版　　次	2020 年 11 月第 1 版
印　　次	2020 年 11 月第 1 次印刷
印　　数	1— 2000 册
书　　号	ISBN 978-7-5504-4532-1
定　　价	39.80 元

作者简介

　　艾进，管理学博士，经济学博士后，副教授，硕士生导师，毕业于美国夏威夷大学，曾任西南财经大学旅游管理系系主任，2015—2019 年挂职四川天府新区成都直管区，历任宣传策划处副处长、文旅处副处长（主持工作）、旅游产业处处长；世界银行国际金融公司 CBDF 认证咨询师，美国 Alpha Chi 国家大学学者研究协会终身荣誉会员，美国 Delta Mu Delta 国家企业管理协会终身荣誉会员，美国 Mu Kappa Tau 国家市场营销协会终身荣誉会员；四川省旅游规划学会副会长、四川省旅游协会理事、四川省养生旅游协会理事、四川省消费经济协会理事、四川天府新区乡村振兴委员会专家、成都市旅游专家、成都市旅游协会专家、成都市旅游协会天府新区专委会顾问、成都市第十二届青年委员会委员；先后在 *Journal of Sustainable Tourism*、*Journal of Hospitality Marketing & Management*、*Tourism Geography*、*China and World Economy* 等 SSCI 期刊发表英文论文 40 多篇，专著有《中国城市遗址博物馆开发模式研究》《中国城市遗址博物馆可持续开发的四川经验与启示》《体验经济下的广告管理：新趋势、新案例与新方法》等，主编教材五部，获得省级哲学社会科学优秀成果三等奖两项；近五年为各类旅游企业和区域政府提供项目决策咨询与旅游规划策划超过 200 项；为地方文旅干部和旅游企业高层培训超过 120 场；为成都市文旅项目招商引资超过 2 000 亿元。

　　吕兴洋，管理学博士，西南财经大学旅游管理系副教授、硕士生导师，毕业于南开大学旅游与服务学院旅游管理专业，研究方向为旅游市场营销，受聘为四川省旅游业青年专家；在《旅游学刊》《旅游科学》《人文地理》《经济管理》等旅游及管理学期刊发表论文 30 余篇，其中 CSSCI 论文 20 余篇，人大复印资料《旅游管理》全文转载 6 篇；主持国家社会科学基金项目、教育部人文社会科学研究规划基金项目、四川省科技厅软科学项目、成都市科技厅软科学项目等研究课题十余项；参与《旅游目的地营销》《休闲与旅游概论》《体育旅游》《四川省旅游投资研究报告》等教材、专著和研究报告的编写工作。

1

王远均，西南财经大学教师教学发展中心主任，国家级教师教学发展示范中心负责人，美国华盛顿州立大学访问学者，四川省知识产权专家；曾任西南财经大学教务处副处长、国际法研究所所长、金融法研究所副所长；在《中国法学（海外版）》等期刊公开发表学术论文 30 余篇，多篇论文被人大复印报刊资料全文转载，在中国社会科学出版社、法律出版社等出版社出版专著、教材多部；主持或主研国家级、省部级课题多项，主持完成四川省教学改革重点项目多项，获得国家级教学成果二等奖，省级教学成果一、二等奖，省级哲学社会科学优秀成果奖三等奖；所编写教材获"全国高校出版社优秀畅销书"一等奖。

魏华，西南财经大学教师教学发展中心教师，西南大学课程与教学论专业硕士研究生，作为主研人员参与省级教学改革项目 2 项，获得国家级教学成果二等奖，省级教学成果一、二等奖、获四川省高等教育学科优秀成果奖二等奖，多次主持完成校级课题研究，发表了多篇论文。

杨占东，北京体育大学体育休闲与旅游学院体育旅游教研室主任，中国管理科学学会旅游管理专业委员会委员，中国高等教育学会体育专业委员会休闲体育专业理事，《中国体育旅游发展报告（2019—2020）》副主编，《中国马拉松发展报告（2019—2020）》执行主编；研究领域为体育赛事与体育旅游、体育旅游规划与市场开发，主持国家社会科学青年项目"马拉松赛事与城市文化的耦合共生关系及发展路径研究（17CTY012）"，参与北京市社会科学青年项目"京津冀冬季体育旅游产业联动发展及实现机制研究（17YTC034）"、北京市社会科学一般项目"乡村旅游发展与北京率先实现城乡一体化新格局研究"、北京体育大学校级课题"京津冀体育非物质文化遗产的空间分布研究（2019QD029）"等。

刘梦，西南财经大学 2019 级旅游管理专业硕士研究生，参加多项国家级、省部级科研课题，主要研究方向为游客行为研究与旅游吸引物管理。

前　言

　　管理类案例教学的尝试与探索在国内一路走来已经近四十年了。这几十年中，无数的学者和企业管理实践者搜集、记录和提炼了几乎整个中国经济发展历程中的各类企业的管理体会与启示。正所谓"前事不忘，后事之师"，以史为鉴的案例通过还原当时各类情景和场景，将知识与启示传递给一代又一代的当代中国管理者，或批判或褒扬，或借鉴或思考。如今的管理类教学案例的开发与创作更是在不同高校、不同平台中心的倡导与促进下如雨后春笋般涌现。然而，虽然目前我国管理类教学案例应用与创作正蓬勃发展，但伴随而来的却是复杂多样的各类问题。

　　这些问题主要表现在：多数案例涉及的行业与经营管理职能过于狭窄和单调；案例创作内容与理论结构不合理，问题设计过于简单化，决策描述片面化；案例创作过程过度标准化，缺乏对人物人性与价值观的引入，选择性地忽略管理实践中"人"对管理绩效的影响；写作者往往缺乏相关实践经验，未能真正深入企业，其案例创作往往"一厢情愿"，道听途说，生搬硬套；案例创作的假设信奉"胜者为王"，导致"成功企业的一切皆为有效，失败企业的一切均被否定"的歧视性认识成为常见逻辑；案例的发布往往未经课堂试用，未获得学员反馈，与实际教学需求不匹配；目前国内自娱自乐的"小圈子"式的案例评审机制导致优秀的非"圈内"案例无法获得认同，同质化、标准化的案例成为主流等等。这些问题在当今国内管理类案例的创作与教学过程中十分突出，危害明显，亟待解决。

　　其实案例教学在中国并不是新生事物或舶来品。两千多年前，早在春秋战国时期的百家著作就已经使用经典案例来更为形象地再现理论，如法家的《韩非子》就是由一个个已经发生的案例来阐明各种观点。之后的中国学者更是发扬了这样的传统，对具有典型性、代表性和推广性的事件进行记录、提炼，并最终升华为一个个方便传播的成语或典故，将其主要启示与意义推广至各行各业人员的教育、工作和生活之中。

中国自身的案例教育，特别是管理类教学案例的创作与教学工作，应该基于中国自身的案例学习与传播的传统，选择性地参考借鉴国外的案例范式与设计标准，锁定更广泛的行业与具有典型和代表性的"中国式"企业，全面分类还原更多的"中国式"行业环境变量，形成更加精准、更加合理、更加全面且综合性更明显的中国管理案例体系。

本书秉着这样的观点，针对目前中国管理案例教学的现状与不足，力求突破一些约定俗成的标准与限制，且仅代表一家之言，无意针对任何管理案例推广组织与个人。

本书获得2020年西南财经大学教师教学发展项目（2019jsfz001和2020jsfz001）和2020年度中央高校教育教学改革专项"专业学位教学案例建设"项目（2020YJG021）的共同资助。本书设计为研教双用，力图在对国内外管理案例教学的发展趋势、主要方法与范式进行搜集、梳理和提炼的基础上，结合旅游管理专业"吃住行、游购娱、商养学、闲情奇"的旅游+产业融合特征与管理经营中"产学研政商"互动性强的特点，对根据目前国内主流的三种案例标准所分别创作的三个典型案例进行演示说明，希望能够给国内外管理类案例的撰写者、研究者和使用者提供一种新的思路，更希望实事求是的案例教学原则与"产学研政商"的教学融合理念能够在教学培训中得以保持与传播。

需要特别说明的是，本书所涉及的三个管理案例均为现场案例，采用了描述型和决策型两种不同模式进行创作。案例均来自作者与学生团队深入企业，全程参与相关项目的具体工作，从策划、调研和方案制订的过程进行全程融入的相关实践。这些案例来自作者团队少则半年、多则数年与企业员工的深度交流和共同努力。这个过程本身就是真实的管理实践过程，案例中人物都有真实原型的，人物个性与言语举止均依照现实进行了设计，并得到企业的认可，在企业管理层中首先进行了授课测试。

其中梦幻岛案例（按照全国旅游管理硕士教育指导委员会案例撰写标准创作）2016年被全国旅游管理专业硕士（MTA）教学指导委员会评为"全国十佳优秀案例"。案例中的措施与实践使得这样一个规模不大、投资不多、影响力不强，但具备典型性和代表性意义的由房地产产生的区域型民营主题公园能够依靠自身经营持续盈利。这在国内是十分罕见的（据统计不到1%）。自案例相关项目开始，共计6届MBA（工商管理硕士）和旅游管理研究生进入了园区参与管理工作，并有6人通过这个平台进入了国内知名的文旅项目单位任职。我们与梦幻岛管理层的全方位交流合作产生了一系列的成果：2017年作者团队协助梦幻岛升级成为国家3A级景区、省科普基地和研学旅游基地；2018年获成都市旅游"厕所革命先进单位""潮成都旅游目的地"称号；双方合作的有关无动力游乐设备管理办法的研究提议已经于2019年提交四川省相关部门并拟成为该领域管理标准。

森宇物业案例（按照全国工商管理硕士教育指导委员会案例标准创作，于2019年被中国管理案例共享中心收录入库）是基于作者团队进驻项目企业近半年，参与企业各类管理工作，通过一手调研形成策略并付诸实施。期间，作者团队分批吃住在项目处，承担了企业部分管理职能工作，并与其业主进行深度沟通。在管理策略执行阶段通过业主反馈完善了企业管理制度，设计并撰写了两本企业形象宣传读物。整个过程真实有效。

而麓湖水城案例（按照加拿大西安大略大学毅伟商学院案例标准创作，于2020年被中国工商管理国际案例库收录）中，作者团队作为顾问全程辅助了项目的4A级景区创建工作，其中一位作者正值挂职天府新区，作为政府行政管理者对其资源整合和管理标准进行了全程指导与帮助。在这样深度合作的基础上所提炼的案例具有极强的现实意义，能够体现出当今文旅企业"产学研政商"融合。麓湖水城也成为2019年成都市唯一两处成功创建4A级景区的项目之一，且创新了社区变景区的路径，成为成都市创建公园城市的开局之作。2019年麓湖案例中涉及民宿部分的内容被收入政府的相关报告，该报告获得2019年"四川省哲学社会科学优秀奖"。

言之有物，实事求是，一手资料，情景全面还原，案例对象具有代表性与典型性（非行业一流著名企业），管理结果经过团队亲身验证，以及管理变量多元化、多样化等，这些都是上述案例在设计之初就被重点考虑并被融入其中的。这些案例在尽量弥补现今国内管理类案例的不足的基础上还特意对人物背景、性格、行为以及语言进行了描述，基于不同管理视角对事件进行评价。作者希望通过在案例中的诸多非管理常识，培养学生成长为当今时代所需的管理型、复合型、创新型高级企业管理专门人才。

最后，借此机会感谢参与本书三个案例应用测试的西南财经大学 2015—2019 级 MBA、MTA 以及旅游管理、市场营销等专业的专业型硕士和学术型硕士学生。感谢你们的案例使用反馈！同时感谢参与文献搜集、整理与提炼工作的 2019 级西南财经大学旅游管理研究生马玉珠、刘梦和刘颖，谢谢你们的工作与付出！

作者

2020 年 5 月于兴隆湖畔

4

旅／游／管／理／类／教／学／案／例／研／究

目　录

旅/游/管/理/类/教/学/案/例/研/究

第 1 章
案例教学的发展概述

关于什么是"案例"（case），迄今为止国内外尚无一个权威且严谨的界定，其准确来源也不明确。中文"案例"一词是从英文单词"case"（中文可译为"情况、事实、案件、事例"等）翻译而来，一般也称为个案、个例、事例、实例、事实、范例或例子等。不同的专家对案例教学有着不同的界定，但都认同案例教学是一种特定的教学方法，"在这种方法中，学生们和教员们一起参与对企业问题的讨论"①，即通过教师指导，根据教学目的的需要，采用实例来组织学生进行学习、分析和研究，并以此锻炼其实战能力的一种教学手段。

1.1　国内外案例教学的发展历程

1.1.1　国外案例教学的发展历程

1.1.1.1　案例教学的萌芽期（19 世纪 80~90 年代）

案例教学的思想由古希腊哲学家、教育学家苏格拉底首创，所以又称"苏格拉底式教学法"，即教学辩证法。两千多年以前，苏格拉底在教学中运用的"问答法"，主要是选取一个问题，然后再围绕该问题，引导学生分析、思考。其目的并不仅仅是寻求该问题的解决方法，而是通过这一问题的问答来开发学生的智慧②。"问答法"和今天的案例教学法在本质上是一致的，都旨在发挥学生的主动性，通过引导来使学生自主发现真理或规律。

人们普遍认为案例式教学是工商管理教育的标杆，而真正将案例教学作为教学方法引入课堂教学并进行系统规划的是哈佛商学院，案例教学也成为哈佛商学院最令人称道的特色教学模式和宝贵的教学财富。19 世纪 80 年代，哈佛大学法学院院长兰德尔（Langdell）率先将案例引入法学教育中，在课堂上采用案例对学生进行职业训练。之后，哈佛医学院也开始使用案例教学的方法，案例教学法在法律和医学教育领域的成功推行逐渐衍生到商科教育领域。1908 年哈佛商学院成立之时，院

---

① 郑金洲. 案例教学指南［M］. 上海：华东师范大学出版社，2000：8.

② CRUIKSHANK J L. A delicate experiment：the Harvard Business School（1908-1945）［M］. Boston：Harvard Business School Press，1987：74.

长盖伊提出在传统授课方式之外可以鼓励学生讨论，这是管理教育领域案例教学法的思想萌芽。

1.1.1.2　案例教学的曲折发展期（20世纪初～20世纪40年代）

1909年到1919年，哈佛商学院鼓励和邀请工商界管理者走进商学院的课堂，讲述自己在企业实践中所碰到的问题和挑战，分享企业面临的决策与难题，随后让学生在课堂上加以讨论并给出自己的分析和建议，从而促进教学目标的实现。这期间哈佛商学院推出的问题式教学法，一般被认为是案例式教学的前身。1920年，哈佛商学院成立案例开发中心。次年，科普兰德博士（Dr. Copeland）在新院长华力思·唐翰（Wallace B. Donham）的支持下出版了第一本案例写作书籍，标志着案例教学法被正式引入管理教育领域。20世纪40年代，哈佛商学院有了初具规模的管理案例系统，包含案例选题、搜集、采编、应用、建档、储存、注册、审批、更新、发行、经销、版权保护等方方面面①。在此期间，为了推动案例教学的开展和学员之间的互动讨论，哈佛商学院斥巨资建造了特殊的圆形教室，以推动学员"实战性"和"拟实性"的决策环境专业训练②。而且哈佛的案例教学法普遍应用于管理课程的教学中，在一些高年级综合性管理课程中甚至采取全案例教学。然而，这期间在哈佛商学院之外，案例教学法的推广并不顺利。

1.1.1.3　案例教学的多元化发展期（20世纪50年代至今）

案例教学法在20世纪50年代传出了美国，被加拿大、英国、德国、意大利、法国、日本以及东南亚国家引进。20世纪60年代，在福特基金会的资助下，哈佛商学院持续举办了11期8周制的案例教学暑期研讨班，共邀请了管理学院二十几位资深教授和院长参加该研讨班，该研讨班就案例教学的特点、意义与特性达成了初步的共识，为案例教学的推广奠定了有力的基础。与此同时，哈佛为了给全美各个院校提供便利，在保证丰富的案例供应源的同时，创建了校际案例交流所③。尽管至今美国教育管理学界对案例教学仍存在不同的看法，但在众多学者的大力推动下，案例教学模式逐渐在美国乃至全世界得到了普及和推广。管理案例教学形式也变得更为灵活多样，并且不断获得社会的认可和赞誉。

20世纪60年代以后，美国可用于案例教学的案例随处可见。可用案例教学法教学的学科领域也相当广泛，除法学教育、企业管理外，师资培养、公共行政、医学教育、社会工作、政治、新闻、艺术、临床心理学、建筑、工程等学科也都应用了案例教学法。1984年，一个由教授、决策者、研究者、专业人员及公司经理人等组成，会员横跨世界50多个国家的全球性组织——"世界案例教学法研究与应用学会"在美国成立，标志着案例教学法已趋于成熟。

① 傅永刚，王淑娟. 管理教育中的案例教学法 [M]. 2版. 大连：大连理工大学出版社，2014：9.
② 刘旭. 中国与美日MBA学位教育适用性的比较研究 [D]. 重庆：重庆大学，2009：46-49.
③ 朱方伟，孙秀霞，宋昊阳. 管理案例采编 [M]. 北京：科学出版社，2014：44-45.

1.1.2 中国案例教学的发展历程

1.1.2.1 中国早期案例教学的传统

中国历来是个重视教育的国家，早在春秋战国时期的百家著作中就出现了使用经典案例再现理论，启发学生思维能力的教育理念。如法家的《韩非子》就是用一个个已经发生的案例来阐明其各种观点，这些观点后来也被历代管理人员实施行政管理手段时参考与借鉴。之后的中国学者延续和发扬了使用案例教学的传统，将具有典型性、代表性和推广性的事件进行记录、提炼并最终升华为一个个便于传播的成语或典故，将其主要启示与意义推广至各行各业人员的教育、工作和生活之中。这样的传统深深融入博大精深的民族文化之中，并被一代代国人传承、传播、创新，最终融入以务实、智慧且包容为特征的中国式教育理念之中并影响至今。

1.1.2.2 中国现代案例教学引入

由于历史原因，新中国早期的教育界一直没机会接触现代化、系统化的案例教学。随着中国改革开放的深入，中美两国加强了各个领域之间的合作。1980 年，中美联合举办企业管理干部培训班，并将大连理工大学列为中美合作现代管理培训项目执行基地，即"中国工业科技管理大连培训中心"（简称培训中心）。此项合作一直到 1991 年年末，共持续了 12 年。1984—1991 年，该培训中心与美国布法罗纽约州立大学合作八年，举办了五期正规三年制工商管理硕士班，培养了中国第一批工商管理硕士 200 余名，对中国管理教育与企业界现代管理知识的启蒙起到了重要的推动作用。该中心成立后，随即由中美双方教师组成案例开发小组，到北京、上海、沈阳、大连四个城市二十多个企业采编了首批 83 篇教学案例，并编写了《案例教学法介绍》一书，除了阐明案例教学的意义、概念、作用、方法外，还附有示范性案例多篇，这是我国第一本此类性质的书籍。同期，美国教授先后带来数百篇案例，覆盖工商管理所有学科。1984 年起，该培训中心开始编印综合性及专科性案例集，这可视为中国案例教学法发展的开端。

在案例教学法引入和发展的过程中，大连理工大学的余凯成教授起到了至关重要的作用，他也被誉为"中国案例之父"。1984 年，余凯成教授访美学习，重点关注案例教学并细致考察了哈佛大学等案例教学的情况，回国后他开始做教师培训工作，在培训中心担任教务长，直接参与并组织了多项中美合作的管理培训项目以及管理案例的采编和开发工作。

1.1.2.3 中国案例教学初步发展

中国案例教学的初步发展与工商管理学科的发展密不可分。1986 年，大连培训中心首次举办了为期两周的案例培训，案例教学方法引起参加者的极大兴趣，同年年底成立了国内第一个专门的案例学术团体——管理案例研究会。次年开始办起了首个案例研究刊物——《管理案例教学研究》，余凯成教授任会长和刊物主编，他主持和出版了多部案例教学法的译著与专著。1984 年，世界银行经济发展学院美国专家 L. E. 林恩博士在《政策分析与管理学报》第三期上发表的《借助案例法改革中国经济》一文中高度赞扬了余凯成的贡献。除了内部期刊《管理案例研究》，20世纪 80 年代起至今，大连理工大学还主编发行了 20 余本 300 多万字的专辑——《管理案例研究》，开发了中国企业系列案例及案例专辑，全面介绍和推广案例教学法。随着 20 世纪 80 年代起开始编著的《管理案例学》《管理案例教学法》以及其他 30 余本经管类案例教材、案例集等在全国范围内的公开发行和广泛使用，案例教学开始被我国工商管理教育领域认识和应用。

1997 年，工商管理硕士教学指导委员会正式提出在当时 56 所院校联合推广的案例教学。清华大学经管学院和大连理工大学管理学院率先举办研习班，面向全国开展"案例教学法"的培训学习。1998 年清华和北大两所高校投入数百万元，用于建设工商管理案例库。同期，哈佛商学院、加拿大西安大略大学毅伟商学院（简称"毅伟商学院"）等国外著名商学院也开始向中国输出案例教学法及各类案例资源。哈佛商学院也面向亚洲各大知名商学院开展了 PCMPCL（program on case methods and participants-centered learning）项目（案例方法和以参与者为中心的学习项目）并投入了大量资金。中国有包括清华大学、北京大学、大连理工大学等 10 所大学商学院的教师参加该项目①。

1.1.2.4　中国案例教学蓬勃发展

20 世纪 90 年代以来，随着中国工商管理教育的蓬勃发展，加之以哈佛商学院为代表的欧美商学院对中国管理教育市场的培育开发，案例教学法在我国管理学教育领域快速发展，国内一度形成了案例开发热潮。20 世纪 90 年代初期，在余凯成教授的主持下，大连理工大学建成了我国最早的也是收藏量最大的案例库，该案例库搜集了编译成中文的外国案例和少部分的中国企业案例。在此之后，国内各大高校才意识到案例库建设的重要性，并且陆续建立案例研究中心，推进了国内案例库的建设。在国内，从 20 世纪 90 年代开始，大家逐渐接受案例教学作为管理教育中培养分析能力和综合领导技能最为全面和实用的方式。中国教育部非常重视和支持案例教学法并期望其成为国内商学院首选的教学方法。1997 年中国首次启动案例开发与教学的资助项目，北京大学光华管理学院在教研主任和 5 名研究助理的筹备下，获准设立"中国企业案例库项目"。该项目在光华学院的组织下开展工作，同时还邀请并吸纳了诸如联想、海尔、TCL 等国内大企业首席执行官成为项目顾问委员会成员。该项目起初以管理科学、人力资源管理、财务管理、技术与营运管理、营销与销售、企业环境等课程案例的开发为主，发展至 2005 年，已经开发出 1 000 多个中国案例并用于企业培训和管理课堂教学②。

目前，国内已有北京大学管理案例研究中心、清华大学经济管理学院案例中心、中欧国际工商学院案例研究中心等颇具规模、功能完备的案例研究中心。2007 年，

①　朱方伟，孙秀霞，宋昊阳. 管理案例采编［M］. 北京：科学出版社，2014：31.
②　刘旭. 中国与美日 MBA 学位教育适用性的比较研究［D］. 重庆：重庆大学，2009：46-49.

在全国 MBA 教育指导委员会的支持下，中国管理案例共享中心正式成立并在大连理工大学管理学院设立了工作机构。另外，同一时期，其他学科也开始设立针对自身学科的专属管理案例库与机构。2004 年，全国旅游管理硕士教育指导委员会联合南开大学旅游与服务学院的旅游管理硕士教育中心开展了对旅游管理类教学案例的评奖与入库工作，自此，一年一度的中国旅游管理类教学案例评审工作将评选出每年中国十佳旅游管理优秀案例。

如今中国的各个教学案例中心或平台都力促各自领域案例开发与推广工作，强调统一规范，多机构共同参与以及资源共享，旨在推动和提高中国案例教学与研究水平并实现院校间师资与学术成果、案例资源和国际合作资源的共享，在更大程度上推进案例教学法在我国教育领域的普及。不过，对于大多数国内学者而言，案例和案例教学依然是一个新生事物，对其的认识是一个逐步深入的过程，理论与实践方面也有诸多深入研究的必要。在此背景下，系统探讨什么是案例及案例教学的特征就显得尤其重要。

1.2 国内外案例教学发展趋势与启示

1.2.1 国外案例教学发展趋势

国外最为经典和最受推崇的案例教学模式首推哈佛商学院案例教学模式。哈佛商学院是运用案例教学最为持久且方法最为成熟的学院，也是全球最大的管理案例供给者，这在很大程度上促使哈佛成为全球商学教育的标杆和领跑者。案例教学以"无正确答案"原则为基础，目的在于最大限度地激发学生的高级思维和创造性。每个哈佛商学院学生在校学习期间，大约需要花费 2 000~3 000 个小时来学习 500~800 个案例，可以最大限度地接触到各类模拟真实的管理情境。哈佛商学院数量庞大且类型丰富的案例及成熟的案例课堂能够让学生站在当事人的角度学会决策和处理问题，以便于在今后的实际管理中迅速针对难题进行程序化决策。这种高强度的案例学习是哈佛商学院教学成功的保证。

在整个案例教学管理过程中，实施严谨的学习制度和立体状课程管理模式。学生提前一周收到即将讨论的案例及相关阅读材料，他们与各自的"学习小组"成员会面并交流意见和拟订最佳解决方案。教授会在课前准备好一份"问题清单"，清单根据每位学生之前的课堂参与度以及学生可能引入讨论的所有具体专业知识而制作。学生需要完成课前问题清单并在规定的时间提交给老师，然后老师会在时长 90 分钟的案例课堂上开展较为成熟和准备充分的案例研讨，学生进行分析并提出意见或扮演案例中的角色。除了必要的学习制度，哈佛商学院成功的案例教学法还得益于大量的支撑资源和独特的运行能力。这些支撑资源已经形成了一个完整的、综合的系统，案例教学系统分成开发、使用和应用等几大模块，每个模块又包含了多种要素和步骤，其中每一个步骤和流程都有严格的要求。

以案例教学著称的毅伟商学院，也非常重视对案例开发、教学和研究三方面的综合运行。在案例开发上，毅伟商学院认为教学案例是为教学目的而设计、筛选和加工过的真实故事和材料。如今的案例教学中，教师会严格遵循备课、上课和考核的经验要求，在教学提纲中会明确故事的摘要、教学目标、逻辑线、学习问题、板书规划和结局公开等。在实际的授课过程中，教师一般会依照事先准备好的逻辑线授课，不会有大的偏离，但可以在提问和讨论的技巧、倾听和鼓励的技巧、时间分配等方面进行创造性的调整。考核方面会以小组形式呈现案例，教师明确作业要求并指派小组以报告形式提交。整个过程紧扣案例教学的本质，但不拘泥于案例设计的讨论时间与讨论问题，通过讨论寻找答案，但不标准化答案，并依据情境进行思考推理，以情境再造与双向交流来保证教学效果的有效取得，更体现了以学生为中心。总的来说，国外的案例教学强调的系统性和计划性。另外，现今的国外案例创作也更加强调以多学科、多情景的更为真实且复杂的背景还原典型性、代表性的实例，以便学生更好地掌握知识体系，由此克服某单一课程"孤岛化"的问题。

1.2.2　国内案例教学发展趋势

对于国内案例教学的模式，近几年越来越多的学者做了相关的分析研究，这对克服国内案例教学实施的困境和改进不足有一定的参考价值。在案例教学的形式上，案例教学法是将案例作为教学媒介开展的，有的学者认为案例教学法是在案例基础上的研讨，也有学者认为案例教学法的表现形式不拘泥于此，"研讨"只是其中的一种，还可以包括"案例问答""案例撰写""专家讲座及问答""角色扮演""实地参观"等①。如郭德红认为案例教学可以归纳为两种形式，第一种是教师提供基本概念来启发学生运用概念并借助发散思维来以例释理，第二种是教师引导学生通过合作和群体思维碰撞来寻找规律和形成概念，这两种方式都可以提升学生解决实际问题的能力。第一种方式更侧重于传统课堂案例讲解模式，第二种方式则可以延伸到课堂以外的借助实际情境案例以团队形式来进行讨论和决策的训练②。根据文献研究和实践接触总结，国内学者和教育实践者在人才培养中案例教学模式的探索上开始呈现出灵活多样且体现因材施教的特征，其具体实施上可以归纳为以下几类典型的模式：

第一是深度参与式模式。如崔树银在 2010 年提出参与式案例教学，将教学对象——学生置于教学活动的中心，学生的积极参与是参与式案例教学最突出的要点。从案例的准备、案例教学的组织到案例教学效果的评价整个过程中，学生始终是案

---

① 武亚军，孙铁. 中国情境下的哈佛案例教学法：多案例比较研究［J］. 管理案例研究与评论，2010，3（1）：130-135.

② 郭德红. 案例教学：历史、本质和发展趋势［J］. 高等理科教育，2008（1）：22-24.

例教学的中心，教师在案例讨论中所起的作用更像乐队中的指挥①。案例教学是以案例为核心的，在案例开发上，刘志迎和张孟夏则认为很多案例并没有经过课堂检验就进入案例库，适用性尚存在众多问题，案例开发的最后环节就是将已开发好的案例文稿拿到课堂加以检验，让学生深度参与其中，确保所开发的教学案例在实施案例课堂教学时具有适用性②。由此，他们根据知识点的明确性、知识线和情节线的清晰性、问题的可识别性等检验逻辑、结构的要素构建了案例课堂检验循环图，强调案例开发来源于教学需要并需经过学生深度参与和教学检验才能成为真正意义上的入库优质案例。

　　第二是情境模拟式模式。如邢振江和徐文涛在 2010 年提出的开展"情境模拟"教学思考：以真实、生动、有吸引力、强启发性和引导功能，提高学生的思考能力、操作能力和创新能力，改变传统案例教学过程中存在的"老师讲案例，学生听故事，难以深入开展分析和研讨"的情况，形成"全班参与、亲自表演、亲身体验、共同评论"的局面，课堂气氛活跃，学生热情空前高涨，改善了教学效果③。2017 年章昌平和闫春提出的构建基于"多源资源整合"案例教学的拟态环境思路，即通过信息来源多样化、信息流通自由化实现拟态环境的整体优化，达到"案例情境重构"的目的，通过引进受众认知心理变量的信息反馈和实施效果评价机制等最大限度地减少主观现实、象征性现实和客观现实"三个现实"之间的偏差，提升管理教育效果④。大连理工大学的戴文博和朱方伟早在 2013 就提出从知识习得的角度看，案例教学的效果不仅仅取决于传统大家所认为的学生积极性、教师课堂策略等因素，还包括知识迁移所依赖的情境因素及转移过程方式等条件的影响⑤。而 2018 年胡伟、李豪和李婧则在随后的研究中认为不同学科和课程存在差异性，实施案例教学的方式与方法即案例教学模式也应不同。较为经典的案例教学模式如课堂式案例教学、现场式案例教学和角色模拟式案例教学在感染力、趣味性和便利性上都有不同的优势和劣势，建议各培养单位结合自身师资力量、实习实践基地建设情况以及不同课程特点选择适合自己案例教学的情景模式⑥。

　　第三是分级渐进式模式。在案例教学实施的过程分析上，大部分学者秉承了案例教学分步实施的策略和分阶段循序渐进组织的思想。宋华明等提出分时段案例教学模式，即把案例教学过程分为课前准备、课堂学习、课下消化吸收与团队学习、

---

①　崔树银. 参与式案例教学在公共管理类课程教学中的应用［J］. 现代教育科学，2010（7）：167-169.

②　刘志迎，张孟夏. 工商管理教学案例的课堂检验探讨［J］. 管理案例研究与评论，2017，10（4）：419-428.

③　邢振江，徐文涛. 情景模拟教学案例教学的拓展和深化［J］. 未来与发展，2010（9）：85-87.

④　章昌平，闫春. 经管类大学生创新创业案例情境教学的拟态环境构建［J］. 高教论坛，2017（11）：44-50.

⑤　戴文博，朱方伟. 案例教学知识转移机理研究［J］. 管理案例研究与评论，2013，6（6）：501-511.

⑥　胡伟，李豪，李婧. 会计硕士专业学位研究生案例教学研究［J］. 当代教育理论与实践，2018，10（1）：109-114.

课堂汇报、讨论及教师总结等几个相互联系的时段，以达到学生充分参与教学、发挥主动性与积极性的效果[①]。黄劲松从建构主义理论视角去剖析案例教学在帮助学生知识构建上的几个关键环节，第一个环节是教师创建案例情境并设定知识主题和案例问题，学生基于此进行自主学习的第一次建构，第二个环节是教师通过课堂引导和小组讨论及教师多层次和渐进式询问等过程完成师生之间和学生之间的协作学习，第三个环节是教师通过总结和评价来完成学生进一步的知识建构和深化[②]。不同的学者虽然提出了不同的案例教学环节设计的思考，但可以肯定的是，依照教育心理学，循序渐进的分级渐进式案例教学模式，虽然因其生源和教学目标的差异可能在内容和环节上有所不同，但其主旨都是便于学生对案例背后的知识的理解与掌握。

第四是综合行动式模式。梁颖在 2018 年提出：案例教学发展至今已经不仅是一种教学方法，而是一种成熟的教学模式。案例教学不能仅囿于课堂这一唯一空间和固有"套路"，提出了通过时间的延展和空间的拓展并结合学生动用"眼、耳、口、身"集"听、观、演、思、行、论"于一体来获取知识和掌握技能，打造多形式、多层次的多维立体案例教学模式[③]。由此，通过案例内容设计与之后的案例教学环节的设计、合理安排课程理论内容、汇总整合分散的理论知识点成为案例教学模式中需要首先考虑的问题，也是未来教学范式转变的重要视角之一。

1.2.3 国内外案例教学发展启示

根据对国内案例教学现状和问题的分析，首先可以得出这样的结论：国内院校案例教学实施中普遍在模仿借鉴国外一流院校如哈佛商学院和毅伟商学院的案例教学模式，而这种模仿在实践中普遍存在"水土不服"的问题。这种问题不仅仅在于案例教学某个环节或者某个因素需要进行中国式的改善优化，而是源自整个案例教学系统上存在国内外社会文化及其他方面的差异。国外成熟的案例教学模式是基于西方社会文化和管理哲学多年实践积累下来的系统性成果和运作机制，这个系统中各种要素和环节之间已经形成了协同和互补，融入了西方的价值观和思维模式，将社会文化活动的缩影反映在每个案例教学环节。由于中西方社会文化、发展阶段、政治背景、学生特征、教师传统与组织机制等差异，中国很难复制国外案例教学模式。

在这种情况下，国内的学者和教育实践者开始结合中国情境和实践经验，借鉴

① 宋华明，杨慧，马义中，等. 分时段管理案例教学法研究 [J]. 管理案例研究与评论，2009，2（6）：430-434.
② 黄劲松. 基于建构主义的工商管理案例教学方法论 [J]. 管理案例研究与评论，2009，2（5）：350-355.
③ 梁颖. 多维立体案例教学模式：以公共部门人力资源管理课程为例 [J]. 高教学刊，2018（5）：100-102.

部分西方成功的经验与启示，积极探求中国式案例教学模式创新之路，来获取更好的案例教学效果。如武亚军和孙轶 2010 年提出体验式案例教学模式①，考虑到相关条件的制约，甚至可以让学生参与、负责撰写案例，通过让学生实地参观企业或者让学生担任虚拟角色参与公司运营等方式以取得更好的成果。黄劲松提出"多层次递进"推进案例教学的模式，建议在教学过程中设计多层次知识点接触的机会并在案例问题设计中把握递进式的逻辑关系，让不同的学生都能够进行知识建构和迁移。

综合上述学者的研究，国内在案例教学模式实践中主要有以下一些做法，如采取理论讲授和案例分析相结合的综合教学模式，强调与企业相结合的本地化案例来源的案例采编模式，强调多种情境创建的多样化的案例呈现方式，以及项目参与、角色扮演等体验式案例教学方法的使用，使用小组化互评与自评等训练方式，这些方式所关注的视角基本是对中国情境下案例教学的反思与丰富。而教师在结合学生特征和制度环境等因素的基础上，对案例教学的关键环节进行创新或者合理替代来实施案例教学，凸显了案例教学中问题与决策导向，注重知识在中国情境下的可操作性，最终实现在案例选择上和情境创建上的中国式创新。

1.3　中国管理案例创作与教学中的问题与不足

9

国内对于管理类案例教学的尝试与探索将近四十年，这期间无数的学者和企业管理实践者搜集、记录和提炼了中国经济发展历程中各类企业的管理体会与启示。正所谓"前事不忘，后事之师"，以史为鉴的案例在还原当时各类情景和场景中将知识与启示传递给一代又一代的当代中国管理者，或批判或褒扬，或借鉴或思考，如今的管理类教学案例的开发与创作更是在不同高校、不同平台中心的倡导与促进下如雨后春笋般涌现。然而，我国管理类教学案例应用与创作的蓬勃发展伴随而来的是各类复杂多样的问题，这些问题主要表现在：

第一，案例对象少、形式与内容单调，无法真实反映当今多元化的经济发展主体、形势与经营管理手段，误导学员认为按图索骥地处理问题是简单有效的管理手段。目前国内各国家级案例评奖与入库平台在评阅评审机制上主要倾向于将大企业和热点行业案例列为选择对象，各名企特别是互联网名企反复出现在各案例中，而地方性、区域型、劳动力密集型的中小企业、乡村经营点这些经济总量占比高、劳动就业人数多的企业却少有涉及；文创、旅游、养老、研学等新经济企业和"农业+""工业+""物业+"以及"游购娱、闲情奇"的跨界融合型经济体也往往因其企业知名度低、资产总量小或规模不大等原因被边缘化。如此一来就导致了案例教学

① 武亚军，孙轶. 中国情境下的哈佛案例教学法：多案例比较研究 [J]. 管理案例研究与评论，2010，3（1）：130-135.

内容无法形成与当今多元化社会经济生活的对接点，并最终导致了其反映的行业内容与经验启示滞后于国民经济的发展，或并不具有普遍的参考价值。今天的案例学员即未来的管理者，并不会局限于在某几个特定行业就业，而大企业的管理经验由于组织内部分工细、流程多、制度全并不适合于创业型、中小型的公司。因此，这种现状会导致目前主流管理类案例的普遍适用性和参考性不强，甚至会误导学员。

第二，部分管理类案例创作内容与理论结构不合理，导致学员应对复杂的问题的方式过于简单，对综合性的问题往往片面化处理。这一方面是因为现有的案例评审机制复制于欧美机制，往往强调以一个单一的学科和理论视角去设计创作，忽略了中西方企业经营环境与经济体制的巨大差异，纯粹市场化的案例在中国并不适用。凭借单一的企业职能或管理理论往往不能有效解决问题，甚至会在实践中起到不可挽回的负面作用。另一方面，单一的理论视角创作导致案例内容片面化的同时，也导致了众多的管理类案例缺乏对行业特征的导入。传统管理学职能分工体系在当今现实中已经被反复打破重组，特别是对于不同类型、不同行业、不同规模以及处于不同发展时期的企业，其职能部门的管理内容并不能根据管理学中的某一学科来进行匹配。由此，这些内容简单且为展示理论而编写的案例，其针对性、适用性、体验性未能较好地结合"中国式"行业特征、背景或要素，更不能客观反映现实，最终也不能按照现实需求打破企业职能部门边界，将学校众多相关学科串联起来，反而进一步促成了专业教学中的课程"孤岛"现象，更是无法让各种知识成为一个"活"的系统，进而在学员的综合性、集成性知识掌握与运用能力的培养中形成障碍。

第三，国内管理类案例在创作与教学过程中，受到现有案例标准化写作要求的制约，往往缺乏对人性与价值观的引入，选择性地忽略管理实践中"人"对管理绩效的影响，与现实极度不符。众多的研究都已经形成共识：在管理过程中，"人为"因素至关重要，这可以解读为管理者或企业家特质、领导者素质等等。纵观国内现有案例，对于管理者的刻画与描述往往一笔带过。这一方面是因为在现有案例的评审机制中，对于人物描写和语言的展示往往被认为是与教学不相关的内容；另一方面，作者并未亲身进入案例企业、未能真实接触案例企业管理人员也是众多案例只能纸上谈兵、无法详细对案例相关人物进行描述的重要原因；其他原因还有国内管理案例中心的案例研究员岗位招聘只针对专业对口且往往缺乏行业或管理基本经验的应届毕业生，他们或对管理实际问题不了解，或从未深入到任何企业中等等。由此，现实管理过程中需要的诸多非管理常识，如人际沟通、用人识人等在案例中缺失，导致学生的知识结构不够全面，极不利于学生成长为当今时代所需的管理型、复合型、创新型高级企业管理专门人才。

第四，国内管理类案例的创作者往往没有相关实践经验、未能真正深入企业，其案例创作往往主观性比较强，或为企业唱赞歌，或断章取义，未能对中国企业的发展经营的真实情况与管理启示进行有效反映或提炼。在网络发达的今天，各类信息无所不在，其真实性却往往未知。在国内众多的管理类案例中，不少案例由于创作者的时间、精力、资金等有限，又因为当今的案例写作已经成为专业学位点考核的量化指标和教师年度考核指标，"快餐"性质明显。不少创作者使用网络二手数据，根据主观臆断匆匆完成案例撰写，案例内容单薄、流于形式，案例教学分析、设计牵强附会，而其教学效果也未经课堂验证，逻辑性与适用性都存在问题。这类案例无法引导学生摆脱书本到书本的虚拟推理，更不可能培养出具有脚踏实地、精益求精工作态度的学生。

第五，多数案例具有明显偏差的视角选择特征，导致"成功企业的一切皆为有效，失败企业的一切均被否定"的歧视性认识成为管理类案例的主流假设。一个企业的成败与否应该由众多的变量共同决定，即其"天时、地利、人和"各维度均不可缺。而现今的管理类案例的创作基点则首先是锁定一个成功或失败的知名企业，在暗示已经发生的成功或失败的结果之上抛出其某一方面管理的信息，片面给予部分有关当时经营环境的内容。由此，"成王败寇"的视角隐约地传播着这样的信息："他们做的一切都是对的（或错的）。"这样的视角危害性巨大，一方面，成功企业的成功往往掩盖了其企业管理中的各类问题与不足，而失败的企业往往在管理中有众多可圈可点之处可以借鉴、学习，而这些都将被案例的视角和假设掩盖和误导；另一方面，案例的学习者往往会被灌输这样的认识：依样画葫芦（对于成功的案例企业操作）或反其道而行之（对于失败的案例企业操作）将是今后自身管理决策的依照。这样的案例视角与假设将在学员未来的实践中贻害无穷，由此出现工作中的纸上谈兵和郑人买履的现象。

第六，案例未经课堂试用、未获得学员反馈并做出及时的调整优化，使得案例的教学设计过程与配套资料往往不能支撑案例主要内容，案例的可读性、适用性和科学性不够。究其本质，案例教学是一种教学方法和手段，其主要目的是教学。而现有的国内管理案例评审主要是照搬欧美标准，在案例写作要求中更强调标准化、模式化、模块化和学科化，而对于案例本身是否经过课堂验证并不做要求。欧美国家采用这样的标准是有其历史原因的，一方面，其普遍小班化的专业硕士教育给教师和学员很大的课堂讨论自由，教师可以根据现场反馈，及时在现场进行案例讲述的内容调整；另一方面是因为欧美公司在实践中管理分工明确且细化，标准化、模式化、模块化和学科化的案例启示能够较好地匹配未来学员的工作实际，而同时欧美学员在课堂内外的积极主动性和发散型思维方式也能够部分克服新编案例的教学计划与教学辅助资料的不足。而该方式在国内的运用却是问题多多，未经验证的管理类教学案例设计将导致各教学环节间不协调，无法形成一个相互协调、平衡发展的机制，最终导致教学综合效果不好。

第七，自娱自乐的案例评审机制导致优秀的非"圈内"案例无法被传播推广，同质化、标准化的案例泛滥。以 2020 年国内某案例平台大赛为例，共有 254 篇管理类案例参赛，12 篇案例分别获得"最佳奖""提名奖"和"鼓励奖"，其中该平台单位内部人员共计 8 篇案例获得"最佳奖"和"提名奖"，该中心所在区域的高校与机构作者分别获得另外 3 个奖励；另外，在具有入库资格的案例中，金融会计类占到 27%，战略管理类占到 25%，市场营销类占到 19%，创业管理类占到 16%，其他涉及新经济业态管理、文旅行业等非传统热点的案例入库率几乎可以忽略不计。而这样的"近亲繁殖"，也导致了国内管理类案例创作的形式、内容和视角的局限，让许多具有地方特色和中国式行业特色的优秀案例被埋没。

上述的各类问题在当今国内管理类案例的创作与教学过程中已经十分突出，危害明显，亟待解决。

第 2 章
案例教学的内容概述

- -

2.1　案例教学的定义、过程、理论依据

2.1.1　案例教学的定义

案例教学是模拟或者重现现实生活中的一些场景，让学生把自己纳入案例场景，通过讨论或者研讨来进行学习的一种教学方法，主要用在管理学、法学等学科。通过对国内外各类文献进行梳理，从管理教育的角度出发，我们可以对管理案例做出如下定义：为明确教学目的，围绕着一定的管理问题，对某一真实的管理情境所做的客观描述，即采用文字、声像等媒介，采编、撰写形成的一段或者一个真实的管理情境（或个案）为管理案例[①]。管理类案例教学是一种开放式、互动式的新型教学方式，在教学中主要以特定的管理案例作为素材和基础，结合一定学科理论和知识，通过组织学生对具体的案例展开讨论分析和研究，以达到启迪思维的目的，从而提高学生分析问题和解决问题的能力[②]。

2.1.2　案例教学的过程

案例教学的过程一般包括以下四个环节：

首先，教师预先准备案例。相较于过去的课堂讲授，案例教学备课更具有挑战性和创造性，是一项研究性的工作。教师可根据自身条件和教学需要，亲自搜集、整理、编制案例，也可以从已有的教学案例库中挑选案例进行备课。

其次，组织学生阅读案例。学生对案例的阅读与准备能使他们对案例有逐步深入的认识，是进行课堂案例讨论的基础。在这一环节中教师可根据实际教学情况进行适当讲解帮助，组织学生通过阅读和讨论来理解案例内容，形成关于案例问题的个人看法。

再次，学生进行案例讨论。案例讨论是案例教学的中心环节，在这一环节中教

---

① 傅永刚，王淑娟. 管理教育中的案例教学法［M］. 2 版. 大连：大连理工大学出版社，2014：42-45.
② 陈丽. 案例教学在高校课堂的运用探讨［J］. 教育教学论坛，2018（37）：188-189.

13

师组织学生围绕案例关键性问题以及教学重、难点问题展开讨论。学生可以以小组为单位组织竞赛性讨论，也可以指定小组发言人发言，同时鼓励其他个人补充发言，共同参与讨论。学生在讨论中充分交流各自意见，从而形成对案例和解决问题方法的进一步认识和更深入的理解。因此，该环节的讨论交流是课堂教学的高潮，是形成教学结果的重要环节，也是全体学生知识与经验共享的过程，而该环节要达到预定的效果需要有前两个环节的扎实准备。

最后，教师进行归纳总结与评价。教师可以进行条理化、概括化、理论化的总结，使学生形成对案例及问题的完整的、具有理论高度的理解与认识，从经验认识达到理论提升，也可以引而不发，留给学生进一步思考的余地。在该环节，教师通过对学生的观点和表现进行总结与评价，提出问题及建议，帮助学生对案例进行深入探索，拓宽学生视野，提升认识水平。

2.1.3　案例教学法的理论依据

2.1.3.1　建构主义学习理论

建构主义学习理论认为：情境、协作、会话和意义构建是学习环境的四个要素，学习者需要在一定的情境即社会文化背景下，借助教师和学习伙伴的帮助，利用必要的学习资料，通过建构意义的方式获得知识，而非通过教师直接传授[①]。这四个要素在案例教学法中也有一定的对应，情景即在案例教学中营造一个真实、贴近学生生活环境的教学情境，以此来帮助学生分析、讨论教学中的疑难问题，从而促进学生对知识的掌握和提高自主学习能力。协作即学生之间的小组合作或集体的分析讨论，通过学生之间的交流、争议、意见综合等讨论活动，建构起对新知识更深层次的理解与感悟。会话即师生之间的平等对话交流，通过自由、平等、开放的讨论，促进师生之间的知识、情感交流。意义建构即学生基于对案例的自主学习和思考，质疑、寻找、探索问题答案的过程，可使学生通过总结事物的发展规律，从感性认识上升到理性认识，从而建构起对知识新的理解。

本章所研究的案例教学法与建构主义的知识建构观点非常接近。案例教学法强调案例学习的情境性、合作性、探究性以及真实性。它是一种以学生为主体展开的自主学习、合作学习、研究性学习的开放式教学方法，以小组讨论、集体讨论等形式有效提高学生分析问题、解决问题的实际能力。

2.1.3.2　学习迁移理论

在众多的学习迁移理论中，美国心理学家和教育家桑代克认为：学习的情境与日后运用所学内容的实际情境相类似，有助于学习的迁移[②]。在案例教学过程中引入生活中典型的案例，营造一个真实的教学情境，让学习者对现实生活中可能遇到的情境进行分析，使案例更加贴近学习者的现实生活，让学习者能够有效地发生迁移。莱文（Levin）迁移假设理论认为，一个人在解决问题的过程中，会提出和检验

①　阳雨君. 构建主义学习观与自主学习能力的培养［J］. 教育教学论坛, 2013（17）：106-108.
②　韩进之. 教育心理学纲要［M］. 北京：人民教育出版社, 1989：230.

一系列的假设，形成一套解决问题的顺序思考和范围假设，这种思考和假设的过程会迁移到实际问题的解决活动中去。在案例教学中，教师导入案例材料后，会提出相关的疑难问题。学生则通过自主探究、分析讨论、小组合作的形式来寻求解决问题的办法，从而有效地将理论知识与实际问题结合起来，促进问题解决的迁移。

本章所研究的案例教学法也是一种有效的探究式教学方法，它充分体现了学习迁移理论在各个学科领域中的应用，不仅能加深各个学科之间的联系，还能深化学生对理论知识的理解与把握，对解决现实问题也具有一定的指导意义。

2.2　案例教学的主要类型

2.2.1　教学的分类

在讨论管理类案例教学时，首先需要想清楚教学是如何分类的以及教学的类型有哪些。从心理学的角度，教学可以分为代理型教学与亲验型教学①，而这两种教学方式的主要区别体现在所授知识的传递方式、教学过程中教师和学生的关系等方面。

代理型教学代表传统的教学方式，通过教师讲授的形式将知识传递给学生，学生间接和被动地接受知识，教学效果则主要由教师的授课质量所决定②。在代理型学习过程中，学生学习到的不是他们直接获得的第一手资料，而是别人获得后经过整理提炼再传递给他们的二手资料，这种教学方法在传授知识的过程中效率较高。再者，当前是一个"知识大爆炸"的时代，人们也不可能事事躬亲，因此，代理型教学成为极为普遍且重要的教学方式，在个体的学习中发挥着举足轻重的作用。相反，亲验型教学则更多地依赖学生的自主体验和自主学习，教学质量的高低由学生与教师共同决定，而教师的作用也从主导者变成了参与者。在亲验型学习过程中，学习者是通过自己亲身的、直接的经验来学习，所习得的是自己直接的、第一手的经历与技能。这种学习方式有利于能力的培养，能够获得一些不能为代理型学习所习得的技能与经验，两类教学方法可互为补充。

案例教学这一类型的教学方式，严格意义上不属于代理型教学与亲验型教学中的任何一种，其处在两种教学之间的中间地带，或者说是一个准亲验型教学。案例教学最大的特点便是教师与学生的关系从单向变成了双向，这样的转变虽一定程度上会给学生带来较以往教学模式更多的学业压力，但就教学效果而言，会促进学生主动思考、自主学习，从而获得更高的学习效率。

2.2.2　案例教学的分类

案例教学的分类标准繁多，限于本书的篇幅，在此选取认可度较高的三类分类

---

① 宁骚. 公共管理类学科的案例研究、案例教学与案例写作 [J]. 新视野，2006 (1)：34-36，61.
② 郭忠兴. 案例教学过程优化研究 [J]. 中国大学教学，2010 (1)：59-61.

标准以供参考。

2.2.2.1 根据案例与原理的先后关系进行分类

一类是"例—理"型，即引导学生从案例本身出发，在分析案例的基础上进行思维碰撞，寻找共通点并将其以规律的形式进行总结，最终发现新的基本概念①。此类教学类型重视锻炼学生的归纳与总结能力，对教师的授课能力以及学生的学习能力均提出了较高的要求。

另一类是"理—例"型。这类教学类型是以基本概念为出发点，要求学生采用发散思维和辩证思维，运用所掌握的基本概念与理论来分析和解决实际问题（案例中所提及的问题）。这一类教学以例证理，不但能加深学生对基本概念的掌握程度，还能提高学生利用基本概念和理论来解决现实问题的能力。

2.2.2.2 根据案例的性质和功能进行分类

在国内外的案例研究中，根据性质和功能对案例教学进行划分的方式得到了国际主流学界的认可。依据性质和功能进行案例分类时，需要优先考虑案例本身是否合格，即案例是否真实、客观地再现事件发生时的管理情境，只有合格的案例才能够纳入案例教学中。根据案例性质和功能，其可分为描述型案例教学与决策型案例教学。

1. 描述型案例教学

描述型案例教学就是将事件客观地还原，学生的任务便是结合理论知识，思考、分析其中的现象及结果。在描述型案例教学中，学生仅需结合管理情境来分析公司成败因素和事件因果关系，不需要做出决策或提出改进建议。学生通过描述型案例的学习，可以达到扩大知识面、完善知识体系、加深其所学知识的理解程度等效果。

描述型案例教学的特点：

①描述型案例侧重于管理理论和知识的理解，而不侧重于管理实践问题的分析与解决；

②描述型案例的聚焦点为理论问题，强调理解理论和对理论的分析运用；

③描述型案例中学生扮演的角色为故事主角，非决策者。

2. 决策型案例教学

决策型案例教学通过描绘管理情境，使学生站在决策者的角度对案例中的情境进行辩证、批判思考，并以决策者的身份提出建议或做出决策以改变公司现状。决策型案例教学的显著特征在于需要学生在阅读完案例后做出决策，强调对所做决策的分析，其重心在于决策而非现状分析。决策型案例教学能增强学生独立思考、分析和判断企业问题、把握发展机遇的能力，进而提高其决策能力②。因决策型案例教学的特征，该类型案例的结尾大部分为开放性结局，需要学生主动学习，分析管理情境和管理困境，最终做出管理决策，这对学生在处理模糊问题时的独立思考能力和分析判断能力提出了很高的要求。

---

① 周新华."案例教学"的实践与思考 [J]. 上海教育科研, 2002 (3)：51-53.
② 沈波. 论管理案例与管理案例教学法 [J]. 南京广播电视大学学报, 2003 (1)：69-71.

决策型案例教学的特点：

①决策型案例教学着重管理实践问题的分析与解决；

②决策型案例教学的答案往往具有开放性；

③决策型案例教学的案例内容侧重于复杂的决策情境和决策环境的重现；

④决策型案例中学生扮演决策者的角色，而非故事主角。

3. 描述型案例教学与决策型案例教学的区别

描述型案例教学与决策型案例教学最大的区别便是学生在管理情境中所扮演的角色[①]。在描述型案例中，学生所扮演的角色主要是专家学者，学生所需要回答的问题是"发生了什么？""为什么会发生？"等，其最终的答案往往是封闭的，有固定的答案。而在决策型案例教学中，学生的身份从专家、学者变成了公司的经营者乃至于决策者，其所面临的便是真实的情景，其决策将会影响公司的下一步发展乃至于公司存亡，其不仅仅需要回答"为什么"之类的问题，还需要回答"怎么做"等相关的一系列问题，而这类问题往往是开放性问题，没有固定答案。决策型案例教学的真实性和开放性使其成为案例教学中的主流，在案例教学中被广泛采用。

描述型案例教学与决策型案例教学的教学目标也有着较大的区别。描述型案例教学的教学目标多为加深学生对于理论和知识的理解程度，即从理论到理论。而决策型案例则要求学生在理解并掌握所学理论和知识的基础上回答管理实践中的分析和决策问题，将重心放在实践问题上，聚焦于管理实践活动中的决策问题，而案例的主要内容也是围绕做出决策所需的信息来进行编写的。

两类案例教学方式的区别具体如表 2-1 所示。

表 2-1　描述型与决策型案例教学方式比较

比较对象	描述型案例教学	决策型案例教学
教学目标	管理理论和知识的理解	管理实践问题的分析与决策
主题	聚焦于理论问题	聚焦于实践问题
关键内容	聚焦于管理实践活动过程	聚集于管理实践活动决策环境
答案开放性	具有相对标准的答案，答案不开放	没有标准答案，答案开放
学生扮演角色	专家、分析者	决策者、管理者

2.2.2.3　根据案例所覆盖知识领域的广度和深度划分

从案例所覆盖知识领域的广度和深度的角度进行划分时，我们可将案例划分为专业性案例和综合性案例[②]。

———————————

　①　郭文臣，王楠楠，李婷婷. 描述型案例和决策型案例的采编［J］. 管理案例研究与评论，2014，7（5）：427-435.

　②　朱方伟，孙秀霞，宋昊阳. 管理案例采编［M］. 北京：科学出版社，2014：10.

1. 专业性案例

专业性案例主要涉及管理中的某一个特定的知识领域，其所涉及的概念和理论面均较窄，适用面也局限于相关专业课程中基础知识点讲解后的实践应用阶段。因案例本身聚焦于管理领域中的某一特定知识领域，其所涉及的知识点多偏向专业化，并且该类案例大多属于某一专业课程中的内容。该类案例呈现出专业化程度高的特点。

2. 综合性案例

相较于专业性案例，综合性案例中所涉及的知识面更为广泛、全面，会涉及诸多管理领域，包括财务管理、人力管理、战略管理、供应链管理等，因此对学生的学习能力、知识储备量和综合分析能力提出了较高的要求。综合性案例大多包含大量信息，篇幅较长，需学生从大量信息中提取有效信息，并运用所学知识综合处理所提取的信息。该类案例呈现出适用面广和综合性强的特点。

3. 专业性案例与综合性案例的关系

结合前文所提及的分类——描述型与决策型，我们可以得到四种基本的案例类型，分别为专业描述型、专业决策型、综合描述型和综合决策型。四类案例关系如图2-1所示。

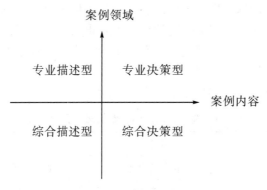

图2-1　四种类型案例的关系

四类案例类型的特点和适用条件如表2-2所示。

表2-2　四种类型案例的特点和适用条件

案例类型	案例特点	案例适用条件
专业描述型	从单一角度描述事件的全过程	适用于低年级或缺乏实践经验的企业管理人员的专业管理课程
专业决策型	从单一角度重点描述决策背景和决策问题	适用于低年级或较少经验的企业管理人员的专业管理课程
综合描述型	从多角度对事件做全链条描述	适用于较高年级或较多经验的企业中层管理人员的综合管理课程
综合决策型	从多角度重点描述管理情景和决策矛盾的产生	适用于高年级或经验丰富的高层管理人员的综合管理课程

资料来源：作者根据相关文献整理总结得出。

2.3 案例教学的特征

案例教学的特征有启发思维式、真实情境化和综合评价性。

2.3.1 启发思维式

传统的教学方式为多为代理型，即所谓的"填鸭式"和"满堂灌"[①]。此类教学方式多由老师直接向学生传递知识，从"知识到知识"。而案例教学可以让学生充分参与课堂学习，发挥其主动性和参与性，最终符合"实践到学习再到实践"的认知规律。在这样的学习环境中，学生为了解决案例情境中所面对的问题，必须通过不断地查询、思索、总结和再反思等行为去探索解决方式。同时，因为案例教学中较少有标准答案存在，答案的可变区间给了学生极大的灵活性，鼓励其不断进行思考和总结，这将在无形中提高学生的思辨能力和创新能力。在案例讨论中，学生在课堂和课下所学知识的质量和数量较自学、老师授课等有显著提高，但较自学等学习形式，案例学习需要占据更多的课堂时间[②]，如图 2-2 所示。

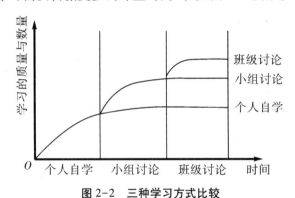

图 2-2 三种学习方式比较

图片来源：作者根据徐延宇 2002 年《案例教学及其运用》中相关内容进行描绘。

2.3.2 真实情境化

在案例教学中，案例是实施教学的关键和基础，而做到管理情境再现是忠于案例其本身特性的，这就要求案例、教师和学生三者的充分配合。对案例来说，案例需要基于真实客观的管理事件或事实，需要完整且准确地记录当时事件发生的背景、环境和动态历程等。对教师来说，在授课期间应避免对案例其本身进行干预，保持客观且独立的视角看待所授案例，尽量用白描的语言对案例进行讲解，不宜带入任

[①] 欧丽慧. 整合式工商管理专业硕士（MBA）案例教学模式研究 [D]. 上海：华东师范大学，2018：67.
[②] 徐延宇. 案例教学及其运用 [D]. 长沙：湖南师范大学，2002：56.

何个人情感。对学生来说，在所授案例中需充当部分角色，或为管理层、专家等，应始终以所充当的角色自居，避免出现游离于案例角色之外的情况。

2.3.3 综合评价性

案例教学与传统教学不一致的地方还包括其评价的综合性，而评价的综合性则源自该教学过程的综合性。案例教学要求学生学以致用，将所学、所想、所感运用到真实情景中，同时也需要从案例中抽取新的知识点。在这样的教学过程中，诸多指标难以量化，例如学生的参与情况、学生的思维活跃程度、学生的创新点等。也正因如此，在案例教学中，没有一套标准答案以供学生和教师参考，考核评价也不是通过一套固定的考核方式去评定的。

对于案例教学的评价，一般包括三个方面，分别为案例准备、案例过程与教学效果[①]。案例准备阶段从以下三个维度评价：案例质量、案例价值、案例教学计划。案例教学阶段评价则从教学组织效率、学生参与度两个维度入手。而教学效果阶段则着重注意学生专业知识掌握程度、学生专业实践能力、学生创新能力、学生沟通能力、教师成长五个方面。从以上评价体系可以看出，案例教学评价贯穿整个教学过程，且评价的对象也不仅仅是学生，评价体系也将教师纳入其中，增加了评价的全面性和客观性。案例教学效果评价指标体系如图 2-3 所示。

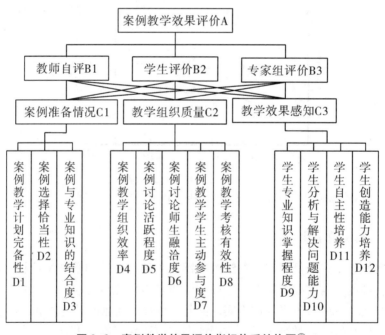

图 2-3　案例教学效果评价指标体系结构图[②]

① 余红剑，桑维泽，郝新颖. 高校课堂案例教学评价方法研究 [J]. 宁波职业技术学院学报，2017，21 (5)：48-51.

② 韩亚芬，李琦. 规划类课程案例教学的现状调查与分析 [J]. 宿州学院学报，2011，26 (7)：105-108.

在案例教学中，其综合评价的特性不但对教师提出了新的要求，更增加了学生的学习强度。学生需要在课上、课下进行大量补充阅读，还要在课上进行大量思考。这样的学习方式给学生提出了更高的要求，但同时能帮助学生培养更独立自主的学习能力和更敏锐创新的思维模式。正因为案例教学评价的非标准型和综合性，学生的分析能力、沟通能力、管理能力、创新能力等将会在授课过程中得到大量锻炼，具体如表 2-3 所示。

表 2-3　案例教学可培养的学生能力

培养能力		提高途径
分析能力	具体分析能力	数据处理、问题识别、批判性思考
	综合分析能力	通过对环境因素的综合考虑以及相关知识点的掌握，进行决策，制订解决方案
沟通能力	口头沟通能力	通过案例讨论和观点辩论，表达自己的思想、看法
	书面沟通能力	记录笔记，撰写案例分析报告
管理能力	时间管理能力	个人准备期间的时间分配、小组讨论的时间安排
	人际交往能力	与小组成员和谐相处，解决分歧，达成共识
创新能力	定义问题能力	根据案例所提供情景以及个人经验，定义所需解决问题的实质
	思维创新能力	利用所学知识，根据具体情形，通过自己的理解和分析，构建逻辑思维，最终做出决策

2.4　案例教学的应用现状、问题及注意事项

2.4.1　案例教学的应用现状

案例教学自引进国内后，经过数十年的发展，已被各大商学院接受和认可，被运用到诸多课程内，尤其是 MBA 课程。多数学生对案例教学重要性的认可度较高，过半数学生认为其非常重要[①]。但部分学生对目前的教学效果并不是非常满意，而这一点也是案例教学在推广中需解决的难题。同时，授课教师对授课满意度的整体评价较高，这与学生的评价差距较大。

总的来说，案例教学现已被教师和学生普遍接受，但教师和学生对于案例教学效果好坏的评价则存在较大差距，该现象需从案例教学实施过程中出现的问题来进行分析。

---

① 何志毅. 中国管理案例教学现状调查与分析 [J]. 经济与管理研究，2002 (6)：26-31.

21

2.4.2　案例教学存在的问题

1. 案例教学发展名不副实

自从案例教学引入国内，国内部分高校便倡导将案例教学运用到实际教学中来，但就具体实施情况而言，并未做到案例教学占据主导地位。在实际教学中，案例教学仅仅作为日常教学的补充，只被当作一般的辅助性教学环节，并且教师在综合评定时考虑案例教学的部分较少。上述情况的出现导致案例教学的真正效用并未被有效开发，教师对于案例教学的重视也仅仅停留在口号层面上，案例教学名不副实[①]。

2. 本土化案例较缺乏

案例教学已在国内得到推广、应用，其中MBA教育普遍采用案例教学的教学方法，但就案例教学中所授案例而言，存在本土化案例不够多的情况。国内案例教学大部分采用的案例都从国外引入，生搬硬套国外案例，忽视了国内外商业环境的差异，而运用此类案例，并不能真实地再现当时的管理情境，且案例所重现的管理情境与学生所真实接触的商业环境不兼容。而在国内案例教学中，即使算上大部分从国外引入的案例，其总数仍无法与国外一流高校的案例库相比。以哈佛大学为例，哈佛大学商学院的案例库中有多达6 000个案例，并且每年均对案例库中的案例进行更新，保证其时效性。相较而言，国内案例库建设严重滞后，案例存量极少，并且其中部分案例已与时代脱轨，案例质量较低。

3. 教师实践知识待强化

案例教学不但对学生提出了更高的要求，同时也对授课教师提出了高要求，授课教师需要具有丰富的理论知识、实践知识以解决案例中所遇到的问题和困境[②]。但现今国内的高校教师多从学校毕业后直接进入院校授课，缺乏相关的实践经验。另外，优秀的案例教学教师应能够合理控制课程的进展速度、把握学生的讨论方向和回答学生的疑难问题，这样的标准也要求教师具备丰富的授课经验[③]。案例教学在国内短短数十年的推广中，对授课教师的需求极大，教师队伍较难去满足庞大的需求，便导致了大量赶鸭子上架的情况。

2.4.3　案例教学的注意事项

1. 明确案例教学效用，合理安排授课内容

在案例教学中，应着力避免两种情况。一种情况是空有案例教学之名，实则为传统式教学方法，另一种则是盲目追求案例教学方法而脱离了实际的教学环境。要避免上述情况出现，就必须明确案例教学在所授课程中的作用和预期达到的教学效

---

①　陈立群，常颖. 对MBA案例教学"困境"的断想 [J]. 学位与研究生教育，2003（8）：24-26.
②　李明武，张天勇. 我国管理学科案例教学存在的问题及对策 [J]. 经济与社会发展，2004（4）：173-174.
③　苗雨君，盛秋生，邵仲岩，等. 工商管理类专业企业管理案例教学理论与实践研究 [J]. 产业与科技论坛，2007（7）：108-109.

果，然后根据授课内容合理安排案例教学课时，这样就可以避免盲目追求方法而脱离学习实际，最终发挥案例教学的真正效用①。

2. 扎根理论知识，激发学生思维

在教学中，教师应注意引导学生对教材内容的学习，选择的案例必须与课堂讲授的理论知识有相关性，使学生将案例中所需解决的问题与自己的已有知识框架联系起来。在此基础上，教师应在讨论过程中发挥积极的引导作用，鼓励学生积极发言，打通老师和学生双向互动的通道。

3. 调动学生积极性，活跃课堂氛围

传统教育使得国内部分学生养成了被动接受知识的学习习惯②。其具体表现为学生在案例讨论中不积极、习惯"搭便车"，以及较少在课上、课下对所授案例进行预习、复习等。当学生不主动参与到教学活动中时，课堂的氛围很容易陷入沉寂，使得案例教学效果大打折扣。而改变学生被动学习的过程不能够一蹴而就，还需要教师循序渐进的引导。

2.5　案例写作方法

2.5.1　案例基本结构

案例撰写包括案例正文内容撰写与案例使用说明内容撰写，两者相互联系但结构内容不尽相同，在撰写时需注意两者之间的差别。

2.5.1.1　案例正文的基本结构

1. 标题

任何一种文体，被读者首先观察到的便是标题。传统的案例标题要求是中性的，不能带有任何的修辞方式和感情色彩，大多以所聚焦的问题或事件为标题。但随着管理案例的发展，管理的标题也开始出现一些新颖的形式。

2. 摘要

摘要是对案例主要内容的概括，对案例主题进行简要而又全面的描述。从摘要中基本可以看出案例所聚焦的管理问题和决策点，进而明确案例的教学功能。通常情况下，摘要的后面需附上 2~5 个关键词。

3. 主体内容

案例的主体内容是通过对管理事件、情节进行全面而深入的描述，使学生了解整个事件的来龙去脉。不同的案例采编者对于主体内容的设计思路是完全不同的。为了增加案例的可读性，撰写人可以适当地运用一些文学手法。

---

① 曹正文. 把握案例教学的几个关键点 [J]. 太原大学教育学院学报，2008（2）：46-49.
② 朱瑞华. 案例教学的实践与思考 [J]. 现代商贸工业，2007（2）：69-70.

4. 注释

案例的注释包括首页注释和脚注。首页注释位于案例第一页的下方，用脚注分隔线将其与正文分隔开来。首页注释通常包括作者简介、保密处理、编写目的以及版权情况。脚注是在案例主体内容中对相关信息的解释。

5. 附件

有些与案例相关的资料放在案例中会喧宾夺主，对案例的情节发展有影响，但这又是案例所必要的，这时就需要将这些资料放在附件当中。常见的附件如企业的组织结构图、财务报表、企业技术文件等。

2.5.1.2 案例说明的基本结构

案例使用说明的基本结构为：

（1）教学目的与用途；

（2）启发思考题；

（3）分析思路；

（4）理论依据与分析；

（5）背景信息；

（6）关键要点；

（7）建议的课堂计划；

（8）案例的后续进展；

（9）相关附件（图表等）；

（10）其他教学支持材料。

根据上述对案例正文与案例使用说明的介绍，可以了解案例的编撰涉及诸多方面的材料，其所需的巨大的材料量也为案例撰写提出了新的要求。

2.5.2 案例撰写注意事项

（1）案例名称应以不带暗示性的中性标题为宜；

（2）内容提要总结案例内容，不做评论分析；

（3）在撰写主体内容时，中型、大型案例宜分节，并有节标题。内容陈述应客观，不出现作者的评论分析，决策点突出，所述内容及相关数据具备完整性和一致性；

（4）撰写建议的课堂计划需注意教学过程中的时间安排、黑板板书布置、学生背景了解、小组的分组及分组讨论内容、案例的开场白和结束总结及如何就该案例进行组织引导提出建议等。

2.5.3 排版要求

案例正文排版要求：

（1）案例内文和名称应用规范格式排版，如图 2-4 所示。

例：**案例内文 (宋体、加粗、小三)**

　　案例名称 (宋体、三号、加粗、居中)

图 2-4　案例内文和名称排版

（2）摘要和关键词内容全部采用宋体、小四排版，"摘要"和"关键词"加粗，如图 2-5 所示。

例：**摘要**：本案例描述了…… (宋体、小四)

　　关键词：组织结构；战略规划；案例研究 (宋体、小四)

图 2-5　摘要和关键词排版

（3）所有节之间增加一行空格。

（4）正文各节标题均采用宋体、加粗、四号、半角。各节的一级标题和二级标题采用阿拉伯数字编号（如：1.1；1.2；1.3……），三级标题采用阿拉伯数字加括号；正文内容采用宋体、小四，如图 2-6 所示。

例：**公司发展及现状(宋体、加粗、四号、半角)**

　　2006年9月的一天…… (宋体、小四)

图 2-6　正文内容排版

（5）全文段前与段后 0.25 行、多倍行距 1.25，宋体、小四。

（6）英文摘要和关键词字体全部用 Times New Roman、小四。

案例使用说明排版要求：

（1）案例使用说明和名称应用规范字体格式，如图 2-7 所示。

例：**案例使用说明 (宋体、加粗、小三)**

　　案例名称 (宋体、加粗、三号)

图 2-7　案例使用说明和名称排版

（2）正文各节标题采用宋体、加粗、四号、半角，各节标题编号用中文数字（如"一、""二、""三、"……），正文内容采用宋体、小四，如图2-8所示。

例：**一、教学目的与用途**（宋体、加粗、小四）

    1.本案例主要适用于** 课程，也适用于****．（宋体、小四）

    2.本案例的教学目的……

图2-8　正文各节标题排版

（3）所有节之间增加一行空格（小四）；

（4）全文段前与段后0.25行、多倍行距1.25，全文为宋体。

2.5.4　管理类案例采编步骤[①]

案例采编是一项系统工作，各环节要遵循一定的内在逻辑，统筹安排、充分准备，有计划、有步骤地展开。因此，用系统的思维去规划和管理案例采编的整个过程，是保证案例采编目标有效实现的基础。案例采编分为四个阶段，分别为案例采编启动、案例素材采集、案例编写和案例使用。具体采编步骤如下：

2.5.4.1　案例采编启动阶段

该阶段为确定案例采编的需求、选择案例来源企业、组建采编团队和编制采编计划的过程。具体表现为：依据难度理论和需求识别理论，根据课程规划来界定案例采编的需求；明确需求后，依据关系理论和沟通管理理论寻找和确定案例来源企业；当确定了目标企业后即可组建案例采编团队，按照案例采编能力要求对参与人员进行技能评价和分工；在组建好采编团队后，对总体工作目标、团队分工协作等进行统一规划，在全面了解案例采编工作内容范围基础上，依据项目管理理论制订初步的案例采编计划。

2.5.4.2　案例素材采集阶段

该阶段为对目标企业和个人进行调研与访谈，获取案例编写需要的基础资料和信息的过程。这一过程包括调研准备、调研实施和调研收尾三个环节，此时所依据的理论基础有扎根理论、质性研究方法以及沟通管理理论等。这一阶段表面上是通过调研与访谈获得案例编写素材的过程，实则是以知识线为指导，为情节线的设计和实现进行信息搜集的过程。

2.5.4.3　案例编写阶段

该阶段是在对调研信息、资料进行分析整理的基础上，撰写案例正文及使用说明的过程，是整个案例采编工作的核心环节。案例正文的撰写是结合新闻、小说、教材的写作方法，按照一定的写作规范，将案例教学目标中的知识点通过案例故事

[①] 朱方伟，孙秀霞，宋昊阳. 管理案例采编［M］. 北京：科学出版社，2014：15-18.

展现出来的过程，它为初写案例者提供了解案例写作规范、构思布局案例情节的方法和技巧。而案例使用说明的撰写是结合剧本和教案的写作方法，对案例故事汇总所蕴含的知识点进行梳理和分析的过程，它可为教师明确案例教学目的、提供案例分析思路和理论依据，以及为其拟订课堂教学计划提供有效建议。

2.5.4.4　案例使用阶段

该阶段是对完成的案例正文及使用说明进行检验与应用的过程。案例使用阶段是实现案例采编价值的过程，指示线、情节线的功能将在此得到实践和检验。

第3章
描述型与决策型管理案例概述

本章在回顾已有研究的基础上，通过梳理分析教学案例中的类型，将教学案例分为描述型管理案例和决策型管理案例，并对这两种案例的概念进行阐释，描述其特征、适用的情景以及目前存在的价值争论。本章将介绍教学案例中描述型案例和决策型案例的结构、适用情景等要素，厘清描述型案例和决策型案例的不同点，以提高案例采编的质量和效率。

3.1 描述型管理案例

3.1.1 描述型管理案例的界定

切卢奇（Cellucci）等指出案例是现实生活中的真正故事[①]，不论是描述型案例还是决策型案例都必须真实、客观地再现事件发生时的管理情境。而描述型管理案例就是客观地描述管理故事，是对某一问题从出现直到解决的全过程的描述性介绍，包括起因、方案、结果等。描述型管理案例可以为分析或做出决策等有关的教学活动提供逼真的描述。其目的在于提高读者对经营环境、存在问题、冲突原因、管理策略、决策和建议的评价和评估能力。读者需要尝试去回答"发生了什么"，而不是回答"做了什么"。

3.1.2 描述型管理案例的特征

伯杰（Berger）等把描述型案例的特征概括为学生动态地分析理解导致公司成功或失败的因素是什么，不需要学生做出决策或提出建议，强调对所应用理论的理解和分析（案例被应用于概念或理论的学习之后）或是发现理论（案例被应用于概念或理论的学习之前）[②]。沈波指出，描述型管理案例的最大特点是运用管理实践来

---

① CELLUCCI L W, KERRIGAN D, PETERS C. Case matters [J]. Journal of Case Studies, 2012, 30 (1): 1-7.

② BERGER K, STRATTON W E, THOMAS J G, et al. Critical incidents: demand for short cases elicits a new genre [J]. Business Case Journal, 2012, 19 (1): 46-51.

印证管理基本理论与方法，人们对这类案例的分析能够获得某种经验性的思维方式[①]。

此外，综合分析描述型管理案例的定义以及国内外从事管理案例教学与编写的专家学者的观点，可以归纳出描述型管理案例的几个基本特征：

3.1.2.1 真实性

毅伟商学院提出，案例是对实际情况的描述，通常包含了一个组织中某个人或某些人遇到的决策、挑战、机遇、问题或者争论[②]。我国管理案例专家余凯成教授支持毅伟商学院对案例真实性的理解，认为一方面案例应该是写实的，是对已经发生过的事实的记录；另一方面，案例应该是对事实的白描，不应带有编写者的分析与评论。管理案例介绍的对象往往是一个组织中的人员、行动、事件、背景与环境，通过对事实、对话的描述以及数据与图表等形式表达出来的[③]。综合以上观点，描述型管理案例不同于可以虚构情节和夸张化的故事或者小说，案例的内容和素材须基于客观真实的管理事件或者事实，来描述企业实践过程中的事件发生、发展的动态历程，围绕企业真实管理事件和情境展开。

3.1.2.2 针对性

描述型管理案例旨在传授学生未知的知识以及培养学生特定的能力，因此案例编写一开始便要精心设计各章节适用的具体课程，并明确通过描述型案例来让学生掌握相关的理论工具和管理知识。这一点对于实现案例教学的目标及发挥案例教学的功能十分关键，如果案例编纂者不能准确把握住这一点，就非常容易犯一个通性错误，即"这是个有趣的案例，但目的是什么呢？"因此，描述型案例的选取要对应教学目的，凸显所授课程的重点和难点，使学生通过描述型案例讨论加深对所学课程的主要问题的理解，从而提高他们分析和解决问题的能力。

3.1.2.3 问题性

只有包含了问题矛盾和对立冲突的事件才有可能构成真正意义上的描述型案例，即描述型案例的事件须包含疑难或问题。描述型案例蕴含着某些值得参考和借鉴的经验教训，或者提供给人们分析研究的问题，并且可以揭示事物发展变化的规律，以及引起人们思想共鸣的事件或现象。通过对管理问题发展情境的详尽描述，学生们可以设身处地地进入角色，发现问题，提出和比较各种方案、措施，最后予以解决。

3.1.3 描述型管理案例适用情景

描述型管理案例重点描述管理故事，由学生对该故事进行理论分析和评价。学

---

① 沈波. 论管理案例与管理案例教学法 [J]. 南京广播电视大学学报，2003（1）：69-71.

② 朱方伟，孙秀霞，宋昊阳. 管理案例采编 [M]. 北京：科学出版社，2014：23-24.

③ 张东娇. 比较视野中的中国"案例教学"：基于毅伟商学院案例教学经验的分析 [J]. 比较教育研究，2016，38（11）：71-77.

生通过对描述型案例的学习，能够强化对管理理论和知识的理解，运用有关的理论和知识对案例中所描述的现象进行论述和评价，并且能够指出企业的成功经验或失败教训。傅永刚和王淑娟认为，描述型案例是描述发现、处理问题的全过程，可以扩大学生知识面、验证与加深其理解管理理论的效果①。

综上，本文将描述型管理案例的适用情景概括为：

（1）对故事的完整情节进行描述，聚焦于理论问题；

（2）侧重于与管理理论及知识点相关的故事事例等信息的采集；

（3）聚焦于管理实践活动过程及其涉及的理论、知识、观念的解读和分析；

（4）目标在于提高学生分析问题和评估问题的能力。

3.1.4 描述型管理案例使用现状

近年来，描述型管理案例教学法在工商管理教育中的重要作用已经得到广泛认同，开展案例教学传播管理知识与理念，是培养逻辑思考、团队协作能力的平台，是引导教师和学生关注企业实际和经济管理现象的一种手段，同时也是学校承担社会责任的一种体现。

3.1.5 描述型管理案例价值争论

描述型管理案例的教学目标侧重于对管理理论和管理知识的理解，主题聚焦于理论问题，侧重于完整的故事情节的信息采集与描述。在案例采编时，采编的内容聚焦于管理实践活动过程及其涉及的理论、知识、观念，侧重于与管理理论及知识点相关的故事、事例等信息的采集。案例犹如一个戏剧性的故事，围绕一个故事主角逐渐展开，直至有明确的故事结局。案例隐含着管理理论和知识点，供学生分析、归纳、总结。

从描述型管理案例的教学目标以及管理案例的特点中可以发现描述型管理案例存在的一些问题，主要分为以下几个方面：

第一，案例的真实性问题。描述型管理案例的基础应该是在所描述情境中一个真实的人所真正面对的基本性事实，如果学员对案例的真实性产生疑虑，会影响教学效果，而且很难确保学生能够积累未来解决类似问题时可以诉诸的经验。我们看到，案例在塑造典型性方面还有所欠缺，突出反映中国企业管理实践特殊性的案例数量有限。在案例真实性方面，深入企业进行调研、访谈的纯原创案例不多，并且有很多案例数据和事实来源于网络、报刊等二手资料，真实性有待商榷。

第二，内容的时效性问题。对某一具体的描述型管理案例来说，它所处的环境及其与当今管理问题的相关性，都是值得考虑的因素。即使案例中所包含的管理原

① 傅永刚，王淑娟. 管理教育中的案例教学法［M］. 大连：大连理工大学出版社，2008：123-124.

理是永恒持久的，但"它所披的外衣却会变得不合时尚，并会被磨损掉"①。因此，案例的时效性很重要。描述型教学案例的重要作用之一，是要锻炼学员的分析和思考能力，新鲜的、与时俱进的案例更能引起他们的讨论兴趣。

第二，描述的客观性问题。好的描述型案例是复杂情境的记录，要想理解这些情境，就必须先逐字逐句地将它们分解，然后再把它们拼接起来才行。它是表达态度的对象，是表达带到教室中来的态度或思维方式所指向的目标②。由此可见，描述型案例是一种真实记录，如果作者的描述中已经包含了主观态度，那么学员们分析的意义何在？

3.1.6 描述型管理案例及使用说明

具体参考：
第5章 成都梦幻岛主题公园大二期项目战略定位的选择与启示
第6章 无米之炊：成都市森宇物业有限责任公司实施精细化管理的实践与启示

3.2 决策型管理案例

3.2.1 决策型管理案例的界定

列恩认为，决策型案例反映了现实世界的情境，让学生充当决策者的角色，在类似于现实生活的背景中做出艰难的决策，能够鼓励学生对复杂的信息进行系统的、严密的思考，因此很受欢迎③。决策型案例在管理情况的描述中隐含一定的问题，需要学生发掘问题、分清主次、探究原因、拟订对策，最后做出决定，这无疑有利于培养学生的管理能力，体现了案例教学的基本要求④。因此，决策型案例在管理案例中比较常见，是管理案例发展的主流。决策型案例对企业实况方面的非完整性、解决问题途径的多元性和环境影响因素的模糊性以及未来发展的不确定性等问题的描述，使其更接近企业的实际，它能增强学生独立判断企业问题或机遇的能力，进而提高其决策能力⑤。

综上，决策型管理案例通过描写管理情境，使学生站在决策者的角度对案例中的情境进行批判性的思考，并且为有效地解决这一问题提出建议。决策型管理案例主要描述企业所面临的问题以及管理者必须做出决策的经济形势，这种案例的结尾

---

① LEENDERS M R, ERSKINE J A. Case research：the case writing process ［M］. London：Research and Publications Division, School of Business Administration, University of Western Ontario, 1978：98-112.

② MOORE D G. The case method of teaching human relations and administration ［J］. The American Journal of Sociology, 1954, 60 (3)：314-315.

③ 列恩. 公共管理案例教学指南 ［M］. 北京：中国人民大学出版社, 2001：116-120.

④ 傅永刚, 王淑娟. 管理教育中的案例教学法 ［M］. 大连：大连理工大学出版社, 2008：11-12.

⑤ 沈波. 论管理案例与管理案例教学法 ［J］. 南京广播电视大学学报, 2003 (1)：69-71.

一般是开放性的，不会给出实际的解决方案，读者需要去学习、分析和讨论案例，并且提出一个解决方案。

3.2.2 决策型管理案例的特征

3.2.2.1 应用性

决策型管理案例常见的结构是始于对一个决策者面临的问题或困境的描述。决策型管理案例主要向学生展示了一个决策的场景，要求学生利用案例中所提供的图（产量图、人员结构图等）、表（财务报表、销售收入表等）等资料①，站在决策者的角度进行决策。这样的教学过程，一是创造了一个正式的决策环境，二是让学生在教学过程中充当决策者的身份，两者均体现了决策型管理案例的实用性特征。

3.2.2.2 复杂性

决策型管理案例的复杂性体现在三方面。一是资料的复杂性。决策型管理案例需要还原一个正式的决策环境，要体现出内部环境、外部环境、财务信息、非财务信息等多因素对决策的影响，往往要求案例内容包含从文字到图表多种类型的资料，而且其资料内容也涉及公司各个环节，资料的复杂性不言而喻。二是教学过程的复杂性。决策型管理案例中，学生所需承担的角色为决策者，该角色对学生提出了较高的要求，其要求学生不但有较好的知识理论基础，也要有足够强的文字处理能力，同时也对学生的综合判断能力提出了较高的要求。同时，教师在教学过程中所承担的角色不再是简单的授课者，该类型教学要求教师在授课过程中起到引导作用，实时把握学生的方向，避免其出现大方向的偏差。三是考察形式的复杂性。评价决策型管理案例教学时，需要从案例准备阶段、案例授课阶段和授课效果阶段三阶段评判，相比以往的教学方式，其呈现出考察方式贯穿教学过程和考察形式多样的特点。

3.2.2.3 综合性

综合性是决策型管理案例较为突出的特点，其主要体现了两方面，分别为授课形式和授课效果。就授课形式而言，决策型管理案例教学与案例教学较相似，其不但要求学生能学到知识，还要求学生能够将所学知识运用到实践中。就授课结果而言，决策型管理案例不但能提高学生的分析能力和管理能力，还能提高学生的沟通能力和创新能力，并且在授课期间，决策型管理案例教学要求学生在课前进行大量阅读与复习，并且得益于其复杂且综合的评价方式，授课效果能显著提高。

3.2.3 决策型管理案例适用情景

从商业教育的传统经验来看，教师教育中的决策型管理案例必须满足以下标准：

（1）决策型管理案例描述了一个需要分析、计划、决策和行动的情景。

（2）决策型管理案例是建立在一个真实生活情境、问题、事件基础上的描述性

---

① 郭文臣，王楠楠，李婷婷. 描述型案例和决策型案例的采编［J］. 管理案例研究与评论，2014，7（5）：427-435.

研究文献，这些情境、问题、事件是用一种无偏见的、多角度的语言表达方式呈现的。

（3）决策型管理案例是精心编制的教学工具，它能为讨论和分析提供便利，因此它要包含一个待评估和解决的核心议题。

根据以上的评判标准，我们可以得出决策型管理案例的适用情景：

（1）聚焦于管理实践问题的分析与解决。

（2）侧重于复杂的决策环境。

（3）聚焦于影响管理决策的因素、决策因素和规则。

（4）侧重于管理决策问题的发掘、企业面临的机会与挑战等信息采集。

3.2.4　决策型管理案例使用现状

决策型管理案例和描述型管理案例在提高学生能力方面有所不同。决策型管理案例以提高学生分析问题和解决问题的能力为导向，旨在通过对案例的学习，"强迫"学生运用相关管理理论分析企业面临的复杂情境，分析企业的现存问题及其原因，在此基础上做出相应的决策。决策型案例在管理案例中比较常见，目前已经成为管理案例的主流。

3.2.5　决策型管理案例价值争论

对于决策型管理案例教学的价值争论主要集中于案例教学的不足上，体现在以下几点：

3.2.5.1　决策型管理案例对教师的要求与其他类型的案例相比较高[1]

案例教学是以教师的有效组织为保证。教师在案例教学中充当的角色是导演、教练、评论者、仲裁者等，教师需要对学生讨论的方向、表达的意见、争执的论点进行正确把握和调整。在决策型管理案例中，教师的引导尤为重要，问题的复杂性、材料的多样性和情景的真实性等无不需要教师的参与。就目前来看，案例教学存在师资力量不够的问题，教学过程中充斥着大量不满足授课要求的教师和不合规范的操作，这些都导致案例教学非但没有起到该起的作用，还使授课质量不可控，最终降低授课效果。

3.2.5.2　决策型管理案例教学可能使学生形成一些不正确的概括化认识

决策型管理案例答案具有不唯一性，以及部分案例的典型性所展现出来的信息非常吸引人，学生易形成的概括化认识。在处理该问题时，授课教师和案例编撰者需要注意案例的代表性和真实性，要避免出现"一叶障目"的情况，以免违背案例教学的初衷。

---

① 朱瑞华. 案例教学的实践与思考 ［J］. 现代商贸工业，2007（2）：69-70.

3.2.5.3 决策型管理案例教学中容易使得"学习"与"思考"位置的颠倒①

在案例教学中，学习是重中之重，思考是学习的延伸。在案例教学过程中，部分教师或者学生并不能很好地把握学习与思考的关系。正确的处理方式应为："学习→思考→学习→思考"无限延伸的链状关系，并非并列关系或者取舍关系。在授课过程中，师生需要正确把握学习与思考的关系，避免出现倒置或者取舍现象，正确理解案例教学的本质。

3.2.6 决策型管理案例及使用说明

具体参考：

第7章 画龙点睛：成都麓湖水城创建国家 4A 级旅游景区的营销策划

---

① 曹正文. 把握案例教学的几个关键点 ［J］. 太原大学教育学院学报，2008（2）：46-49.

第 4 章
旅游案例教学

4.1　我国旅游案例教学的发展历程

4.1.1　我国旅游案例教学的发展与趋势

4.1.1.1　旅游案例教学的初步探索期（1997—2004 年）

我国的旅游教育事业起步于改革开放时期，经过数十年的发展已形成了规模和结构基本合理的专业教育体系。旅游管理专业教学中既要重视培养学生对理论体系知识的学习，也要注重培养学生的自我学习和实践能力。该学科的教学要做到理论与实践相结合，仅依靠理论教学无法达到理想的教学效果。20 世纪 90 年代，案例教学法在我国管理学教育领域得到快速发展，国内一度形成了案例开发热潮。人们也开始注意到旅游管理教育领域案例教学的重要性，试图将案例教学法引入旅游管理专业教学以提升教学质量。在知网（CNKI）中以"旅游"为关键词进行检索可以发现，截至 2020 年 4 月，关于旅游案例教学的研究共计 689 篇。相关研究始于1997 年，发展初期进度缓慢，仅有个别研究者涉足，这种状态一直持续到 2004 年。

4.1.1.2　旅游案例教学的多元发展期（2004 年至今）

2004 年以后，旅游案例的收录与编写工作开始得到重视。2004 年，全国 MTA教育指导委员会联合南开大学旅游与服务学院的 MTA 教育中心开展了对旅游管理类教学案例的评奖与入库工作，每年将评选出中国十佳旅游管理优秀案例。中国管理案例共享中心在 2007 年成立后，一直致力于推动和提高中国管理案例教学与研究水平，实现中国 MBA 培养院校间案例资源共享、师资共享、学术成果共享和国际合作资源共享，并于 2009 年开设出专门的旅游案例专栏。这些机构的建立，使得旅游案例得到了重视，很大程度上强化了案例教学法在旅游教育中的作用。

除了案例开发与收录等工作，旅游管理专业案例教学法的应用也逐渐得到学者们的关注。2004 年之后，学者们开始对旅游案例教学法的应用研究重视起来，并于2010—2016 年达到顶峰状态，具体研究的发文数量见图 4-1。

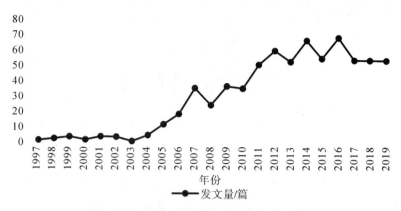

图 4-1 旅游类案例教学研究历年发文数量

数据来源：作者根据知网搜索结果统计整理得出。

当前学者们对旅游案例教学法的相关研究主要可以分为以下类别：教学方式、教学改革研究，旅游管理具体学科案例教学方法的研究，不同学位层次如高职、本科、研究生的旅游案例教学分析，旅游发展方式案例教学研究等，而其中生态旅游案例研究、旅游专业案例教学的应用、教育改革、旅游资源是研究的主要话题。如庚小玲、生延超（2006）在课程方面根据案例教学有关理论和方法，结合旅游经济学的特点，就旅游经济学案例的搜集整理、教学方法和教学程序等进行探讨，以此为旅游经济学教学改革提供建议①。高琼（2007）通过对案例教学步骤的探讨，结合旅游管理课程教学的实际，阐述如何有效提高案例教学的效果和质量②。孙赛云（2009）通过在管理类教学课程中的实践，将案例教学法归结为几种基本的教学模式并对其分别进行了探讨③。朱晓慧（2011）认为，旅游专业本身的特点决定了案例教学法能够在一定程度上打破传统教学的弊端，更新教学方法以实现教学的实效性，其特点与优势十分明显，不但能够提高学生的兴趣，为一线教师提供新颖的教学方法，而且还适合旅游管理专业的学科性质④。徐彩飞（2012）探讨了案例教学法在教学中应用的必要性：旅游市场人才的需求状况决定着专业人才培养的方向，专业课程的特点决定着专业教学方法，案例教学法符合学生的独特个性，对学生解决问题的能力以及综合能力都有帮助⑤。常莹（2014）提出中职院校教学目标、旅游中职学生的特点和职业教育改革的要求决定了旅游中职教育案例教学法的必要性⑥。旅游案例研究主题分布如图4-2所示。

———————————

① 庚小玲，生延超. 案例教学在旅游经济学中的应用 [J]. 湖南商学院学报，2006（1）：113-116.
② 高琼. 旅游管理专业案例教学法的运用 [J]. 湖北经济学院学报（人文社会科学版），2007（9）：180-181.
③ 孙赛云. 案例教学在管理类课程中的运用模式的探讨 [J]. 科协论坛（下半月），2009（5）：172-173.
④ 朱晓慧. 旅游管理专业案例教学法研究 [D]. 大连：辽宁师范大学，2011：44-49.
⑤ 徐彩飞. 案例教学法在酒店服务与管理专业培养中的应用 [J]. 绍兴文理学院学报（自然科学），2012，32（2）：112-114.
⑥ 常莹. 旅游中职教育中的案例教学法研究 [D]. 桂林：广西师范大学，2014：62.

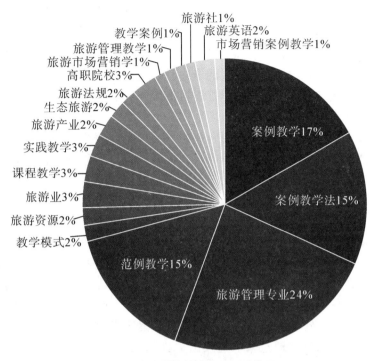

图 4-2　旅游案例研究主题分布图

数据来源：作者根据 CNKI 搜索结果统计整理得出。

目前，国内旅游管理专业教学正向着逐步摆脱传统教育方式的束缚，以培养学生全面素质为宗旨的方式转变。而案例教学法的运用适应了旅游教学改革的要求，可以为学生提供真实的环境、可供分析的素材与机会。通过大量案例学习，学生能够得到更多训练机会，提升分析问题、解决问题的能力，培养和提高自身的沟通能力、创新能力，提升专业能力和素质。然而，尽管旅游管理案例数量越来越多，对旅游案例教学法的研究越来越丰富，我国旅游案例教学的发展和普及仍面临许多问题，未来还有很长的路要走。我们必须采取相应措施，解决目前存在的问题，提升旅游管理案例教学质量，以适应旅游业发展对人才培养的需要。

4.1.2　我国旅游案例教学主要机构

4.1.2.1　旅游教学案例撰写机构

1. 高校及商学院

工商管理案例教学起源于哈佛商学院，其本质是以学生为中心、理论与实践相结合的互动式教学。近年来，案例教学法对中国管理学教育的重要作用已经得到广泛认同，开展案例教学传播管理知识与理念，是培养逻辑思考、团队协作能力的方法，也是引导商学院的教师和学生关注企业实际和经济管理现象的一种手段，更是商学院承担社会责任的一种体现。丰富的管理案例是案例教学法推广和使用的基础。

高校教师具有深厚的专业理论知识，是开发旅游教学案例资源的理想队伍，同时也是应用案例教学的第一线人员。在案例的编撰过程中，教师会将旅游案例完整的基础信息，包括人员、行为、时间和环境在内的四个要素涵盖进来，从其所处的客观环境出发，描述旅游管理活动和方式的全过程。只有教师作为主要编撰人员，才能将一个现实的案例与具体的理论、思维逻辑相结合，更好地作用于课堂上的学生。

2. 企业与政府

旅游管理案例库的建设是多部门合作的成果，需要旅游相关的各企业、行政部门等多个主体广泛地参与。旅游企业应与高校教师接洽，邀请或者聘请教师参与到实际调研中。教师要利用其专业理论知识来采写案例，提炼有关旅游企业的管理经验或教训。但是，案例的采写往往涉及部分企业的内部信息，需要企业方面的积极配合。教育部门、旅游行业管理部门可为教师提供必要的支持，积极牵头与企业沟通联系，协调教学单位和企业之间的关系，消除企业的顾虑，使企业愿意公开自己的真实情况，接受客观中立的调研，与相关人员合作进行案例编写。

旅游管理案例库的开发是一项系统性的工程，只有各方面的积极配合、通力合作才有可能建立一个高效的旅游管理案例库。高校、企业和政府行政部门应合作建立相应的激励机制，鼓励从业人员参与并投身到案例库的开发中，努力培养案例库开发和制作的专业队伍，通过采取高校出"人"，企业出"钱"，政府出"策"的方式，加快案例采集和编写进度，并且利用便捷的网络技术，实现案例库的资源共享。最后高校、企业和政府需明确分工，加强管理和监督力度，建立维护和更新案例库的长效机制，方可确保案例库实现可持续发展。

4.1.2.2 旅游教学案例收录机构

1. 中国管理案例共享中心

中国管理案例共享中心成立于 2007 年，是具有服务性和非营利性的合作机构，目前日常工作机构设于大连理工大学。一直以来，该机构秉承"统一规范、分散建设、共同参与、资源共享"的宗旨，截至 2020 年共吸纳 279 所高校加入。该案例中心主要围绕案例库建设、案例师资培训、案例研究、案例企业基地建设以及国际交流合作等开展工作，组织形式多样的活动，极大地促进了国内商学院的案例教学与案例研究的繁荣发展。机构于 2009 年开始收录旅游案例，目前共有精选案例 26 篇。

2. 国研网案例库

国研网案例库隶属于国务院发展研究中心信息网（简称"国研网"），创建于 1998 年 3 月，是国内首家商业型案例库，依托丰富的权威合作渠道、集精品案例与全方位分析案例为一体。该机构于 2002 年开始收录旅游相关案例，截至 2020 年 4 月共有 300 多篇旅游精选案例，但是这些案例在形式上类似于报告，缺乏对目标事件、企业运营情况的详细刻画，也缺乏趣味性。

4.1.2.3　旅游案例教学实施机构

1. 专科院校

专科院校旅游专业学生与本科院校学生相比，文化基础薄弱，对于理论知识的理解能力较差。学校目标是培养具有良好工作技能的旅游业一线人才，在加强实操经验的前提下，也要提高学生的文化素养。因此专科院校旅游专业在日常教学中应多结合案例教学法，理论联系实际，使学生能通过具体案例分析加深对理论知识的理解。同时，学生通过阐述各种信息、知识、经验和观点，可以达到启迪思维的目的，成为有知识、有技能、有工作思路、有创新能力、有丰富服务经验的旅游专业复合型人才。

2. 本科院校

在新形势下，各大本科院校为适应不断变化的市场环境，尝试改变传统的教学方式方法，从而培养出兼具理论知识与实践技能的优秀旅游人才。在实际的教学工作中，多数开设旅游管理专业的本科院校都将案例教学法纳入教学方案中，作为一种理论与实践相联系的有效教学方法。案例教学法具有独特的优势，在满足旅游教学创新要求的同时，案例教学法的应用对于学习能力较强的本科院校学生来说，还能加深学生对于理论理解的深度，提升自身的综合能力。

4.2　旅游案例教学的主要内容

4.2.1　旅游案例教学视角选择

4.2.1.1　产、学、研相结合视角

随着旅游业的深入发展，旅游人才特别是高级专业人才的培养越来越受到政府部门、企业和高校的重视，复合型旅游人才的培养是旅游业、旅游教育目前的重点。以往强调实践教学的旅游教育，提升了学、研对产业的认识，但依然落后于产业发展的需要[①]。旅游高等教育既要满足产业发展的需要，又要起引领和示范作用，需要进行"产学研"深度融合，提升高等教育学生的综合素质，以适应时代发展的需求。

在旅游专业教学中引入案例教学法，要从解决现有问题，提升学生产、学、研能力的视角切入，探索产、学、研一体化的培养模式，深化学生对于旅游产业前沿知识的了解，提高学生的实践能力。旅游案例教学中实现产、学、研相结合，将旅游科研、旅游服务、旅游产品开发、旅游人才培养等多项活动有机融合起来，可以形成一种"按需育人"的人才培养模式。从该视角切入，无论是对于专科层次的学

---

① 江腾飞，李春芳. 基于"产、学、研"深度融合的旅游管理专业硕士（MTA）培养模式创新研究：以福建师范大学旅游学院为例［J］. 新疆广播电视大学学报，2019，23（1）：21-25.

生，还是本硕层次的学生来说，案例教学法都非常适用。

4.2.1.2 创新创业视角

随着各大院校办学条件的提升和招生规模的不断扩大，我国每年应届毕业生数量越来越多，社会对于人才的标准也不断提高，学生就业问题严峻。而创新创业教育可以不断提高学生的综合素质，培养其创新意识、创新精神、创业技能，为其就业奠定扎实的基础。

旅游案例教学要从培养学生创新创业能力的视角出发，要着重于激发学生创新创业灵感和提升学生自身综合能力。一方面，通过旅游案例教学，增强学生创新创业的信心、拓展视野，为之提供更多的创新创业选择方向。利用案例教学来深化学生对于旅游行业存在的问题、挑战和机遇的认知，以打破学生对旅游领域发展的某些刻板印象，激发其投身该领域的兴趣和愿望。另一方面，通过案例教学提高学生的核心能力、专业相关能力以及其他拓展能力，从而全面提升学生创新创业能力。在课程核心能力方面，案例教学通过实践案例系统化理论知识，培养学生对问题的敏锐度和洞察力，以及解决实际问题的能力。在专业相关能力方面，利用案例教学，学生可以积累行业经验、了解行业前沿，进一步思考行业热点问题。在其他拓展能力方面，案例教学可使学生就业创业所需的思考、应变、演讲、协作等综合能力获得锻炼。

4.2.2　旅游案例教学的类型

在旅游管理教学中运用的案例形式多样，所涉领域较广，根据不同的标准可以将旅游案例教学分成不同的类型[①]，具体分类如下：

4.2.2.1　根据旅游案例教学情境的不同进行划分

在这种划分方式下，旅游案例教学包括语言情境旅游案例教学和真实情境旅游案例教学。语言情境旅游案例教学即教师用语言呈现已经发生过的情境，引导学生综合运用旅游的相关知识分析这个案例。真实情境旅游案例教学则是教师借助或者设计一个真实的情境，让学生从中产生经历、遭到疑惑、发现问题、体验情境，师生共同讨论解决问题的方案。这是一种模拟教学形式，是案例教学过程中经常用的比较生动的方法，学生们在特定的情境下更有代入感。

4.2.2.2　根据旅游案例核心部分的不同进行划分

在这种划分方式下，旅游管理案例教学可以分为人物案例教学和事件案例教学。人物案例教学是指以旅游实践中有代表性的个人或者群体为对象来组织的教学。人物案例要有人的发展或者经历。事件案例教学是指以旅游实践活动中发生的典型事件为对象来进行的教学。事件案例要有事件的情境或经过。当然，在很多情况下，事件和人是结合在一起的。

---

① 李淑燕. 案例教学法在旅游管理教学中的应用［J］. 中国成人教育，2010（24）：157-158.

4.2.2.3　根据旅游案例用法的不同进行划分

根据不同的用法，可以将旅游案例分为讲解式案例教学和讨论式案例教学。讲解式案例教学以讲述和解释的方式呈现案例，用于说明和论证旅游的原理和规律。讲解式案例教学中，教师适当地引导有助于学生对理论产生感性认识，加深理解，提升学生运用理论知识解决实际问题的熟练度。讨论式案例教学则是由教师提供案例，引导学生参与讨论、各抒己见，从而拟订出解决问题的方案，这样可以使学生在讨论中增长知识，提高合作能力和应变能力，使知识内化。

4.2.2.4　根据旅游案例的性质区别来划分

按照旅游案例性质，我们可以将旅游案例分为正面旅游案例教学和反面旅游案例教学。正面旅游案例教学是指运用正面案例印证旅游规律的一种案例教学。反面旅游案例教学是指运用反面案例佐证旅游规律的一种教学。对这两种案例的学习，都有利于学生提前了解在具体情境下各种理论、行动措施的适用性，以及学习该如何根据具体情况进行变通。

4.2.2.5　根据旅游案例涉及的领域来划分

旅游案例涉及多领域的知识，主要包括旅游市场营销案例、旅游法规案例、旅游规划与开发案例等。在这些类别中，尤其以探讨市场营销方面的案例为主。旅游市场营销案例教学主要是为了把握瞬息万变的旅游市场发展趋势，结合某一具体企业发展的实际背景及当下的市场环境，来探讨该采用何种营销战略或者说如何进行营销模式转型和创新。案例提供的背景信息有助于学生了解具体的行业背景，深化认知。旅游法规案例教学主要探讨的是各旅游企业在运营前或运营过程中所面临的法务问题。教师在讲授典型案例和解释法条之余，还可以引导学生就真实发生的事件进行思考、分析、研究和辩论。对旅游法规案例中涉及的各利益主体的权责问题进行分析，还可深化学生对于旅游安全法规知识的掌握。而旅游规划与开发案例涉及的是规划和计划方面的内容，既有宏观层面的如各级政府，又有微观层面的如各旅游企业。

4.2.3　旅游案例教学的特征

旅游管理是管理学一门分支学科，旅游管理案例教学不仅具备管理学案例教学的一般特征，还具备以下几个特征：

4.2.3.1　针对性

旅游管理案例教学中所使用的案例素材都来源于实际的旅游业，涉及的都是与旅游发展息息相关的业态。案例内容是对已经发生的典型旅游事件的真实写照，包含供学生思考、分析和探索的一系列旅游现实问题。旅游案例教学重视的是培养高素质的旅游管理人才，重视学生对于旅游理论知识的学习，以及提高运用所学知识来分析和解决实际问题的能力。同时对于实践能力的要求较高，在教学过程中强调对学生全面素质的培养、创新思维的激发。教师需要针对具体的教学目标来选择使用相关的旅游案例，引导学生对具体旅游现象进行思考，广泛调动学生的积极性。

4.2.3.2 融贯性

旅游管理是一门综合性的边缘学科，旅游教学需要融合多学科的知识，如人力资源学、市场营销学、管理学、经济学、财务与会计、行为学、人文地理学等。在旅游案例教学中，旅游案例涉及的理论知识也具有多个学科背景，案例强调对整个理论体系的把握，要求学生对各领域的相关理论都有所了解，能够将各方面的知识融会贯通，形成系统的理解。旅游案例教学内容的设计相比于管理学领域的其他学科，与各专业的联系更为紧密。因此，旅游案例教学法并不排斥其他教学方法，而是必须与其他教学方法相辅相成，才能使学生在实践场景中最大限度地运用所学知识和技能。

此外，旅游案例教学注重的是学生以理论知识为基础，对案例目标企业进行全过程的分析。而案例还可能涉及文娱产业、互联网产业、教育事业、农业等与旅游息息相关的行业，需要学生拥有全局思维，从阅读案例开始，就要求学生将自己的判断和见解代入案例中进行相应的思考。在对案例进行分析和讨论的过程中，学生需要相互协作以找出问题并提出解决措施。部分课程还需结合实地调研的方法，让学生扎根实践，自行搜集案例信息、总结案例内容，然后回到课堂进行分享和讨论。这样有利于学生的阅读能力、整合能力、实践能力、分析能力、沟通能力的提高，可以促进学生的全面发展。

4.2.3.3 实践性

旅游管理本身是一个实践性极强的专业，培养的是旅游行业第一线的经营管理和服务人才，对学生的专业技能要求非常高。学生在学习书本知识的同时，要不断地走出去，到社会和自然环境中去，深入实践验证和思辨所学的知识。实践教学在整个教学体系中占有十分重要的地位，也是使学生掌握专业技能不容替代的环节[①]。此外，旅游业对外部环境变化极为敏感，不仅受市场变化影响大，自然环境、社会环境、政治环境等变动都会造成旅游业的波动。旅游专业的学生要及时接触最近的旅游创新理念和经验，才能将所学与所知融会贯通。

在旅游管理专业教学中，案例教学法的应用也不仅仅局限于教师将旅游案例作为教学材料，安排学生阅读案例、分析案例，并引导学生对案例的相关问题进行讨论，更多的时候是让学生在掌握相关的理论知识后，以具体的旅游企业为对象，深入其中去体验、搜集相关的行业信息，高效实现从理论向实践的转化，达到理论与实践的有机结合。之后，学生再回到课堂，利用所学知识进行分析，提出自己的看法或进行小组讨论，并得到教师的指导，整个过程具有很强的实践性。

---

① 董志文，董效臣. 高校旅游管理专业实践教学改革探讨：以中国海洋大学旅游管理专业为例［J］. 山东省青年管理干部学院学报，2005（1）：99-101.

旅/游/管/理/类/教/学/案/例/研/究

4.3　旅游案例教学应用、问题及启示

4.3.1　旅游案例教学的适用领域

旅游案例教学可以应用于旅游管理专业多门课程，如旅游市场营销学、旅游经济学、旅游法规、导游业务、旅游规划与开发和旅游管理学，等等。在教学过程中采用案例教学法不仅有利于学生把握旅游事件的本质和旅游业的客观规律，提升旅游专业学生的综合素质，在一定程度上也可以丰富和深化案例教学法的应用。

4.3.1.1　旅游市场营销学

旅游市场营销学这门课程旨在让学生更好地了解旅游经济活动规律、旅游业和旅游企业市场营销活动。案例教学在该课程的应用，在案例选取上以区域本土化优先为原则，让学生深入把握当地旅游市场经营环境并进行相关的分析。教师引入案例，创设情境，可以激发学生兴趣。教师在调动学生积极性之后，再引导学生利用所学的专业知识和经历对案例进行解读，教学效果较为显著。

4.3.1.2　旅游经济学

旅游经济学的教学目标是要让学生系统性地掌握旅游经济学的理论知识，为顺应教学改革，旅游经济学教学必须引入案例教学法，以促进学生从旅游资源的产生、分配、流通、消费等环节来掌握旅游政策的制定与执行依据。同时，在教学中引入案例教学法可以增加教学活动的实践性，提升学生的直观感受，帮助学生在丰富的案例中积累必要的旅游经济管理经验，进一步实现微观实践与宏观理论的衔接。

当前，我国旅游业的发展环境发生深刻变化，旅游业的发展面对着日益复杂的内外部竞争环境，需要促进学生知识体系的构建，并结合案例引导学生学习理论知识，引导学生在实践性的案例中深化理解旅游经济学的概念，从而由抽象到具象地掌握知识。

4.3.1.3　旅游法规

旅游法规是一门理论性与实践性并重的学科，案例教学法的运用对于激发学生的学习兴趣、提高学生分析和解决问题的能力有很大帮助。在此课程的案例教学中，教师一般先讲授相关法学理论知识，然后再播放案例视频。在播放视频前，教师结合所讲授的理论知识并针对案例提出几个问题，让学生带着问题边观看边思考。在视频播放中或结束后，教师组织学生结合所学的旅游法规理论知识展开讨论，学生们主动发表意见、阐明观点。由于学生们思考的角度不同，可能会形成针锋相对的讨论氛围，课堂气氛十分活跃，实现师生角色互换，即实现由传统的以教师为中心向以学生为中心的教学转变，进而提高教学效果。

4.3.1.4 导游业务

导游业务是一门专业实践性很强的基础课程，课程目标是培养学生的导游服务与业务等综合技能，使学生在知识、能力、素质等各方面得到全面的提高，为旅行社培养适应导游工作岗位的技能型人才。在实际教学过程中，因缺乏实训基地，实验条件无法满足教学需要，无法实现"教室—景点结合"的教学模式。案例分析和模拟方法的引入，既可调动学生积极性，使其主动提出问题、参与讨论，又增添了课堂的趣味性。

4.3.1.5 旅游规划与开发

旅游规划与开发是培养学生整体规划思维的课程。与旅游学概论、旅游经济学、旅游心理学等基础理论学科相比，这门课程尤其强调实操性、实用性和应用性。传统课程虽然对旅游规划与开发的一些理论问题进行了总结和概括，但是其根本的出发点是要指导具体的旅游策划实践活动。实操性在旅游规划中的重要性，决定了该门课程所使用的教学方法要将理论与实践同置于一个特定的教学环境中，通过师生、学生之间辩证性的研讨，在理论与实践之间架设起一座沟通的桥梁。课程内容主要是规划实践技术与方法的总结，来之于实践，用之于实践，而且必须高于实践。课程的知识要点都是典型旅游规划设计及其实践，这一特点为旅游规划与开发课程进行案例教学奠定了良好的知识体系和思维创作基础。案例教学可以使学生切身感受管理者、规划者、开发者和当地居民之间的矛盾处境，深入体会规划工作的复杂性。学生在参与旅游项目策划与规划的过程中，能够领悟到旅游规划的乐趣、创意和精髓[①]。

4.3.1.6 旅游管理学

旅游管理学课程的教学目前存在着"学科本位"与旅游行业中低端岗位就业导向的培养误区，即专业教育以管理学科教育为基础、以旅游行业中低端岗位为主要去向，这样的人才培养模式直接导致了旅游管理专业学生流失率高、旅游管理一次性专业对口就业率低等诸多问题。在旅游管理专业教育中通过参与式教学与案例教学，创建以应用能力为基础的、具有创业能力和创新能力的旅游管理专业人才培养模式，是解决该问题的关键所在。

4.3.2 旅游案例教学应用问题

4.3.2.1 案例供给问题

旅游行业具有动态发展的特点，案例内容时效性强。编写年份相对久远的案例不能够反映现今旅游行业的新动态和发展趋势，这将会使得案例教学法在教学效果上大打折扣，所以基本上不再适合当下的课堂。教师需要选取代表旅游行业最新发

① 雍天荣. "SQARE"教学法在旅游策划案例教学中的运用初探［J］. 绵阳师范学院学报，2019，38（1）：83-87.

展方向的案例用于教学，这对于案例编写机构来说压力较大。以中国管理案例共享中心为例，每年更新的经典案例不过零星几篇。而且，案例选取对象所在地呈现出不均匀的分布，部分院校的旅游专业开展案例教学法缺乏对本土旅游行业进行分析的案例，而在课堂中又涉及对本土旅游企业发展的调研与分析，案例教学法的作用无法得到最大程度的发挥。

4.3.2.2　教学规范问题

目前，案例教学法在旅游教学中还未形成独立而规范的教学模式，许多高校未能正视旅游案例教学法的重要作用。旅游案例教学的开展仍无法摆脱传统的教学方式，在引导学生进行自主思考和自由讨论方面并不充分，易使学生在课堂上产生倦怠感，从而导致案例教学效果不佳。教师在引入案例时方式比较单一，旅游管理专业的案例教学大多采用文字表达或教师口头表述的方式来呈现案例，学生往往充当倾听者，降低了学生对案例的关注度与参与度，学生大多被动地接受教师的讲授，消极应对案例讨论，未真正投入案例情境中。此外，在旅游管理专业案例教学方式日渐普及的情况下，授课方式不断丰富，以往固化的考核方式不适用于案例教学课程，但目前仍有很多教师未对课程考核方式做出调整。

4.3.2.3　教师能力问题

旅游专业教师在运用案例法授课时存在以下问题：

一是教师对案例教学的认识不足。在旅游管理专业的案例教学中，很多教师将"案例""举例""微型案例"混为一谈，甚至把"举例"也视为"案例"。教师因缺乏对案例教学的正确认识，而在案例教学中采用非正规的事例。虽然这些例子也是有益的教学手段，但教学成效远不如在正确认识指导下开展的教学活动，也可能会影响学生对案例概念的正确把握。同时，教师缺乏对目标案例的认识，会造成案例的选取不当，降低学生的课堂参与感，直接影响实际的教学效果。如案例选择未考虑学生的水平层次，将学习难度不对等的案例作业布置给学生。

二是教师对自我的定位不够准确。传统教学方式主要以讲授为主，学生被动接受所讲授的知识，缺乏主动意识与创新观念。部分教师仍无法转换传统授课模式中的主导角色，将自身定位为传授者，错误的定位使得案例教学无法发挥自身优势，不能有效引导学生参与到课堂中来。因此，在案例教学法中，教师须明确教学引导者的定位，将学生视为课堂的真正主体。

三是教学前期准备不充分。在旅游管理专业中，案例教学这种课堂模式要求学校及任课教师做大量的前期准备。无论在案例编制或是选择适用案例，以及在课堂上的案例教学流程设计与教学效果把控等方面，任课教师需要花费比传统教学更多的时间和精力。

四是教师的案例教学能力亟须强化。在旅游管理专业教学中，学生对案例的背景了解不足，会降低教学效果。因此这需要教师为学生提供丰富的案例背景资料，鼓励学生进行讨论，这是进行案例教学的客观要求。当前旅游管理专业的教师本身就缺乏实践经历，其获取国际化的教学案例的背景的方法和能力都非常有限，在课程组织和课堂引导方面仍显不足。

4.3.2.4 学生自身问题

当前，在旅游管理专业的案例教学课堂中，学生对于案例教学法的重视不够，在潜意识中并未将案例教学法与传统教学同等对待。无论是在课堂案例分析还是课后调研方面，大多数院校旅游专业学生普遍有着课前准备不足、上课疲于思考等问题。此类问题会直接影响授课教师的积极性，案例教学的效果也将受到影响，从而造成一系列的恶性循环。例如学生因未准备或准备不充分而不发言、不参与讨论，导致案例教学难以进行。另外这会导致教师在开展课堂讨论前，事先发表个人看法，从而限制学生的思维方向，影响案例讨论的开放性。学生在课堂上的专注度低、发言不踊跃等，这些因素都可能导致学生不积极参与，致使案例教学效果不佳。

4.3.3 旅游案例教学应用启示

4.3.3.1 重视旅游案例收录和编写

各高校旅游学院在开展案例教学时，需高度重视旅游案例的收录和编写工作，建立长期有效的案例开发机制。在学院成立旅游专业案例库，不仅可以实现旅游案例的搜集，更重要的是可以旅游专业案例库的建设为契机，促进学院教师了解更多旅游实务问题以提升专业素养。旅游任课教师自身也应主动地从多种途径广泛搜集相关案例材料，夯实理论知识和丰富实践经验，为案例开发和教学工作提供支撑。此外，学校应与当地企业合作，为学院教师自行编写案例提供丰富的素材和坚实的后盾。各高校之间也需建立合作机制，实现旅游案例共享，最大化地利用案例资源。

4.3.3.2 构建科学的教学体系

1. 丰富案例教学模式

一是丰富呈现方式。对教师而言，为了保证案例教学的实施效果，可以采用多样化的呈现形式，如文字、图片、音频、视频等。相较于传统教学采用单一的呈现方式，不同方式的组合运用可增强案例教学的趣味性，吸引学生的注意力，促进教学活动的顺利开展。

二是丰富教学活动。案例教学主要通过学生间的互相合作、自由讨论来对问题进行分析和制定解决措施，因此，在旅游管理专业的案例教学中需要融入合作讨论的方法。另外，教师可以在采用案例教学法时，根据实际的教学情况来设置情境、进行角色扮演，为学生营造出良好的讨论环境，引导学生对案例问题进行探讨。

三是理论与实践相结合。案例教学法对学生的逻辑推理等能力有所助益，但却难以使学生获得系统和完整的理论知识，因此旅游管理专业教学中，教师在采用案例教学法的时候必须要做到教学内容与实践案例有机结合。在案例教学中，教师要围绕旅游管理专业理论知识组织案例讨论，在通过案例夯实学生理论知识的同时，强化学生的实践能力与问题解决能力。

2. 完善课程评价方式

在案例教学过程中，教师对学生表现与课程成绩的评估需要打破固有方式，应从专业人才培养目标、社会需求的角度，采用发展性的眼光来进行评价。同样的，案例教学法在旅游管理教学中的有效应用也需要科学的评价体系来提供支撑。

旅游管理专业的教学目标在于培养综合型的现代专业人才，原有的依据书面材料和考试成绩来评定学生的方式过于片面。因此，在案例教学中，教师需将评价与考核落实到日常的课堂教学中，通过学生在案例讨论中的表现，对其理论知识水平、问题分析能力、决策能力、应变能力等进行全面综合的评价。另外，在案例教学之后，教师需要根据整体教学效果进行深层次的反思与总结，从而不断地改进与完善案例教学方法。

4.3.3.3　加强教师能力培训

案例教学的实际效果与教师的教学能力密切相关，为达到更好的教学效果，教师需要注重自身能力的培养，不断提升教学能力。首先需要纠正旅游管理专业教师对案例教学法的认知偏差、概念混淆，明确自身定位。案例的选择是开展案例教学法至关重要的环节，教师若没有选取合适的案例，课堂教学效果就会大打折扣。在采用案例教学时，教师需要深入考虑学生水平、学生需求以及不同学生对知识的理解力与接受能力，在兼顾教材内容及教学目标的前提下，选择合适的案例开展教学。通过案例帮助学生夯实旅游管理专业知识，强化实践、决策能力。而且，案例选择要考虑到旅游行业的发展性，因此案例教学要与时俱进，尽可能地选择新案例，引导学生把握行业动态和发展趋势，为学生从事实际的旅游管理工作提供帮助。

另外，采用案例教学法对教师的知识水平、教学态度等各方面的要求很高，这就要求教师具有渊博的理论知识和丰富的实践经验，能将二者相结合，不断提高教师自身的素质和能力。如何熟练地运用案例教学方法是一个长期探索的过程，需要教师从实践中不断摸索和积累经验。

4.3.3.4　增强学生参与度

旅游案例教学的实施是一个师生高度互动的过程，学生的参与和反馈决定着实施效果的好坏。从学生层面而言，案例教学法的开展需要做好以下工作：

一是辅助学生做好准备工作。在开展案例教学法的初期，有部分学生会因为不适应这种讨论式的开放教学方法而望而生畏，很难融入案例情境中进行自由讨论。因此，首先要更新旅游管理专业学生关于案例教学的认知，使其认识到学生才是课堂的主体，以提高学生的参与程度，引导他们自主学习。另外，教师应要求学生在案例教学前，做好充分准备。除了大量查阅案例相关的背景信息、基础理论知识外，还要提前熟悉案例材料以剖析事件关系与寻找关键问题，为制订解决方案提供参考。

二是引导学生积极参与案例讨论。在旅游管理专业的案例教学过程中，教师可以通过场景营造和角色扮演的方式，引导学生从案例中角色的角度去思考问题。教师通过这种方式，可以鼓励学生积极参与案例讨论。另外还可以通过小组讨论等方式，锻炼学生的协作能力、应变能力等，强化学生的思辨能力。在案例讨论结束之后，教师应要求学生认真总结，与学生共同探讨，以帮助学生认识到知识漏洞、欠缺以及不足，由此促进学生全面发展。

第 5 章
成都梦幻岛主题公园大二期项目战略定位的选择与启示[①]

5.1　案例正文

成都梦幻岛主题公园大二期项目战略定位的选择与启示

　　摘要： 成都梦幻岛主题公园因地产销售而生，是具有典型性和代表性的中国民营区域型康乐类主题公园。本案例描述了该主题公园在面对内外各种问题，以及现有威胁与机遇时所进行的一次以重新制定战略定位为导向的、完整且系统的管理调研与决策选择的过程。同时，本案例提炼并展示了梦幻岛在其规模有限、投资受限、设施设备先天不足且各方面优势都不明显的情况下，如何差异化自身的定位、如何调整现有经营理念和方向以及在维持现有不动产和设施设备不变的情况下获得生存和发展机会的真相和经验。基于以上内容，本案例将最终揭示现今数量众多且经营困难的中国区域型民营康乐类主题公园的普遍性问题，提出有关其商业模式调整方面的相关启示与建议。本案例分为 A、B 两个部分。A 部分主要涉及企业和产品定位等问题（含市场营销相关课程中的环境分析和营销组合战略等内容），主要用于学生分析和讨论梦幻岛的现状、问题以及未来战略。B 部分主要涉及营销调研、消费者行为研究手段、产品价值识别、感知质量测量、企业定位、顾客满意度和游后

————————

　　① 1. 本案例由西南财经大学工商管理学院旅游管理系艾进副教授、张梦教授和吕兴洋博士撰写，作者拥有著作权中的署名权、修改权和改编权。本案例的制作过程受到中央高校基本科研业务费专项资金（JBK130824）、四川省哲学社科重点研究项目（SC14A031）、四川省教育厅西部旅游发展研究中心、四川省旅游局旅游经济研究基地共同资助。

　　2. 本案例授权全国 MTA 教育指导委员会教学案例库使用，全国 MTA 教育指导委员会秘书处享有复制权、修改权、发表权、发行权、信息网络传播权、改编权、汇编权和翻译权。

　　3. 本案例得到了梦幻岛所属的成都南湖国际旅游文化发展有限公司的授权和认可，案例中的数据和有关名称皆真实有效。

　　4. 本案例只供课堂讨论之用，并无意暗示或说明某种管理行为是否有效。本案例部分内容已在相关课程使用和验证了两年以上。

意向等相关专业知识，用于引导学生掌握营销调研问卷设计和统计数据挖掘等专业内容的实操技术和步骤。

关键词：主题公园；游客满意度；体验感知价值；游后行为意向；定位战略；统计方法

（英文摘要及关键词略）

5.1.1 引言

中国主题公园的建设发展过程可谓跌宕起伏。20 世纪 90 年代初期是我国的第一次"大跨越"式的黄金时代，在这一时期，无数主题公园在大江南北依托着各类主题竞相涌现。而随后是 20 世纪 90 年代末期残酷的"大衰败"时期，全国大多数主题公园在建设初期就因各种问题而快速倒闭或被废弃。对于该阶段主题公园的总体发展情况，有学者曾感慨，主题公园本身就是未经中国市场验证的洋玩意儿，中国人的出游动机和习惯不适合主题公园的生存和发展。

然而，同期产生的欢乐谷和海昌极地海洋公园等主题公园却在国内快速崛起，并成功塑造其品牌，实现了相关产业链的延伸。2008 年后，中国政府经营城市的理念受到越来越多的关于公平性和未来性的质疑，中国土地政策随后开始调整，限制了单纯的大面积商住开发用地的获取。房产开发商们为获得大宗土地，往往需要以公共设施和城市旅游吸引物的打造为突破口，由此迎来了新一轮的以各地房地产开发商为主要力量的中国主题公园大建设大开发时代。

当今中国新一轮的主题公园开发建设呈现这样一种规律：其发展的主力都是所谓的康乐类民营区域型主题公园。这类主题公园的命名就能说明其特征：康乐是指其以游乐设备为主要吸引物；民营是指其所有权和非经营性的修建目的（往往是为了融资、获得土地资源以及不动产的增值），以及相对较小的资金投入；区域型是指其经营范围和单店式的单一开发模式。现今这种类型的主题公园占据国内主题公园数量的 3/4 以上，且该比例逐渐上升，已成为当今中国主题公园市场的主流，但大多都面临自身品牌知名度低、内部资金有限、经营管理经验不足等问题。由于主题公园属于典型的不动产项目，前期投入巨大，若后期再投入或经营收入无法支撑其营运费用，开发商往往进退维谷，最终陷入绝境，并由此产生设备废弃、土地闲置和社会财富的巨大浪费。据 2015 年统计数据，国内共计有 2 500 个主题公园，是美国近 60 年开发数量的 70 多倍，而其中 90%以上的主题公园呈亏损状态①。

当今学术界与实务界一致认为，如何生存下去是这些主题公园面临的最主要问题，这既考验项目的定位制定能力，也需要管理团队具备对过程管理、设备管理、体验管理与宣传，以及客户管理等整个园内体系的深度把控。

---

① 每日经济新闻. 全国 2 500 个主题公园博弈战打响，9 成不赚钱，盈利模式待考［EB/OL］. （2015-05-06）［2020-05-04］. http://www.1sy1.com/ppsj/show.asp? id＝115365.

5.1.2 案例 A 部分：千呼万唤的大二期

1. 成都梦幻岛主题公园的前世今生

成都梦幻岛并非迪士尼《小飞侠》中的"梦幻岛"，它位于成都市城南，锦江与江安河两河交汇处的一个岛型区域上，是成都市新城——天府新区核心区域南湖度假风景区的一部分，距离新的成都市政府办公区域不足三千米。

成都天府新区是 2014 年国务院批准的中国西部第五个国家级开发区，定位于构建中国西部科学发展的先导区。作为西部内陆开放的重要门户，成都市天府新区将树立我国城乡一体化发展的示范区，建设具有国际竞争力的现代产业高地，打造以科技创新和高端产业聚集为特色的国际化现代化新城区，并最终发展成为西部经济核心增长极。

开业于 2009 年，仅为南湖国际社区楼盘销售提供卖点而建造的南湖梦幻岛主题公园，就如一个伴随呱呱坠地的婴儿而出现的胎盘，一个在孕育期重要却在分娩后无足轻重的附属品。

在打造梦幻岛之时，南湖国际社区的开发商宣称将秉承梦幻、时尚、动感、休闲的理念，将梦幻岛与周边高端商务、游乐项目一同打造成成都顶级娱乐目的地。梦幻岛筹备之初，开发商自豪地宣称将首次引进近 30 套全球顶级游乐设备，包括亚洲第一台 38 米高的高空飞行（top-flying）设备、亚洲第一台 M 型激流勇进高空船、亚洲唯一一台内向六爪大摆锤，以及当时国内科技含量最高的虚拟体验项目——星际航班等。

开发商的设计部将梦幻岛分为了南湖明珠、海神码头、精灵恶魔岛、丛林之旅和爱神湖共五个区域，拟定了五个小精灵为代言形象以突出梦幻的主题，营造出或惊险，或刺激，或愉悦的环境和氛围。

然而，在主题公园的经营管理中，各类问题开始浮现。

首先是五个精灵的故事无法自圆其说，不能形成引人入胜的体验引导，反而使游乐主题更显混乱。规划中的主题是梦幻，但是如何执行和实施这个主题却未能细化，因此风格迥异、鬼魅奇特的建筑及园林景观不仅不能烘托具体设施设备，还使游客体验的效果受到影响。该主题公园虽然集合了渔人码头的滨海风情、后海酒香的休闲散漫、横滨港的艺术特色，但各自分散、不成体系。

其次是主题公园的规划前期虽然有专业主题公园设计团队的介入，但因开发商的需求并不在于主题公园的持续营运，而是短期的周边售楼的视觉效果，因此在公园设计、道路规划、绿化打造以及建筑实用性等方面均从住宅楼盘的视角来考虑。这些都使其自身设备的吸引力大打折扣，不利于主题公园的后期经营和管理。更为严重的是后期设备的扩充和更新都将受到现有规划用地和功能分区方面的影响，无法正常进行。

最后是主题公园游乐设备本身的更新换代问题。任何主题公园的设备刺激强度和新鲜度以及设备和设备体验之间的关联性都将随着时间的变迁和游客经历的累积而不断衰减。梦幻岛的竞争对手成都欢乐谷和国色天香主题公园从未停止其规模的延伸和设施设备的更新换代，而梦幻岛却基本没有开发商的后期投入支持。因此，时下的梦幻岛陷入了夏天玩不了（太热，无水上项目）、冬天不能玩（太冷，无室内项目），小孩能玩的不多、大人玩得不够刺激的尴尬局面。

2. 困境

2014年6月的一天，阳光灿烂，在梦幻岛的阳光会议室，梦幻岛主题公园的高层又开始了一次常规性的对园区经营管理的讨论。会上，李总、周经理和桑经理三人分别发言。

李琳，成都梦幻岛主题公园总经理，曾任成都市游乐园园长，资深的主题公园管理专家。这是一位文质彬彬、随时都笑容可掬的中年人。多年的主题公园管理经验让他对这个行业充满信心，却也充满危机感。他对工作充满激情，总是和一线员工打成一片，习惯以批判性的眼光，独自一人一遍一遍地巡视园区，并从中发现问题、解决问题。在接手梦幻岛管理工作后，李总一次次尝试了园区功能区域的重塑和优化工作，对他来说增加游客数量和游客个人园内消费金额是其当前工作的重中之重。

周艳，梦幻岛营销部经理，总经理助理，一位对工作满怀热情的职业女性。她拥有多年的涉及不同区域和多个行业的营销管理经历，一直努力尝试拓展梦幻岛的营销渠道。在工作中，她更关注游客满意度，更看重促销活动的有效性和执行细节。近期，周经理多次负责了与本地都市广播频道、网络平台以及电视台的相亲活动的合作，并辅以与中小学校的课外游的合作。

桑青林，梦幻岛商务部经理，负责园区的招商、活动推广以及和渠道商的沟通与合作事务。这是一位充满活力的年轻职业经理人，做事效率高、务实、执行力强，一切工作强调最终的经济结果。在以往的工作经历中，他曾负责过许多不动产项目的招商工作，并与各类涉旅企业有着长期良好的联系。在梦幻岛的商务部工作管理中，他一直坚持密切监视竞争对手的一举一动，做差异化的招商与推广活动来提升梦幻岛的吸引力和影响力。

"××大学刘博士的市场调研报告预测成都市的休闲需求还将全面释放，周末休闲游人群还将大幅上升！"周经理首先发言，"这对于我们园区来说应该是个利好消息。"

"但是依据乐园行业的特性，六月之后会是我们的淡季。随之而来的就将是员工流失率的增高，以及顾客的投诉的增加，"李总接着发言，他顿了顿再说道，"但是，令人庆幸的是我们的门票和设备收入一直在可接受的范围内！"

周经理深表赞同，她补充道："游客对不少服务都有意见，许多游客的整体满意度并不高，尤其是针对餐饮和纪念品两大板块的投诉最多。员工们也很纠结，因为许多游客在设备和餐饮上的花费很少，但对服务的要求却很高。"

"这也是员工流失率高的原因之一。"李总担忧地说，"再说设备方面，任何投入都需要大量资金啊，而现在游客对设备的要求又多元化。刺激强度高了，小孩不能玩；低了，年轻人又不满意。梦幻岛毕竟不是儿童乐园也不是冒险岛。"

"设备需要更新换代，园区需要升级再造，员工能力和素质需要提升，人力成本不断上升……而设备收入却不能突破并支撑，难啊！"周经理为难地说。

"设备更新不太现实！"桑经理接过话头，"一是资金量要求巨大，我们无法承受；二是现有空间已经无法容载任何一项大型项目；三是任何设备更新都需要时间，即使我们马上行动，今年恐怕也来不及了……"

"但是，最近成都范围内的几个主题公园都有很大的动作。位于成都市区西北处的欢乐谷由于距离城市中心最近，而且设备刺激度有明显的优势，一直是行业的老大。最近欢乐谷又引进了与成都市电视台合作的水上挑战项目，人气指数不断上升。而位于成都市郊温江区的国色天乡主题公园，以具体的万国风情建筑和特色花卉作为主题，辅之以游乐设备和特色购物街吸引了成都市郊区和周边二级城市的巨大市场。"李总望着远处继续说道，"我们的特色又是什么呢？五个小精灵早就不能自圆其说，也不能配合设备形成独特的品牌吸引力。"

周经理无不忧虑地说："国色天乡的水上乐园和附近的极地海洋世界的儿童沙滩项目下个月就要开始营业了。高温的夏季是室外主题公园的淡季，有了水上项目可以有效缓冲这个低谷。而我们的特色不够鲜明，虽然名字中有个'岛'字，水体上却没有任何吸引物。这将是一次巨大的冲击啊！"

李总补充道："夏天淡季还伴随着其他隐患。平时学校有组织的游园活动将不在暑假中继续，员工的士气和状态也将因温度升高而降低，室外酷热的工作环境将使员工流失率加大、办园成本增加，而园内用餐消费也将受到影响。"

"通过招商工作，我们正在解决一些配套设备和员工不足的问题！"桑经理却充满信心地说，"利用场地租赁的形式，我们已经招募的几十家设备投资商，一方面解决了我们再投入不足的设备增添的问题，另一方面还获得了稳定的租金收益！还有，这些投资商的项目还自带部分员工。这也一定程度上解决了我们人员不足的问题！"

"这些只是问题的一方面，"李总却担忧地说，"另一方面，首先这些设备都是低端的可移动设备，对我们的园区的整体吸引力提升作用非常有限。其次，这些投资商并不稳定。如果我们经营有问题，他们会毫不犹疑地迅速收拾起这些设备撤离我们！最后，这些招商项目还大大增加了我们园区与设备管理的风险。"

"问题真的很多！"周经理不由叹息了一声，"集团公司的房地产项目又已经销售得差不多了，靠他们的再投入应该不太现实。我们该怎么办呢？"

又是一阵沉默。之后，三人各抒己见，但并无任何结论。

3. 转机

"好！好！好！"李总连说三个"好"字，放下电话，一脸的满足和兴奋。"这真是雪中送炭啊！"他感慨道。

刚才在电话中，集团公司于总明确地告诉他，尽快启动位于现有梦幻岛公园旁500亩（约33万平方米）空地上的大二期项目的设计工作，争取年内可以开工建设。

集团公司终于发力了！这也意味着集团公司旗下的南湖大二期住宅项目也将正式启动。"虽然还是为住宅项目配套的，这次的公园设计与建设一定要克服上次的困难和教训！"李总暗自下定决心，"无论怎样这次都要坚持在大二期建设中对前期专业性和可持续性分析结果的执行。绝不能再让开发商牵着我们的鼻子走！"

然而确定了这个原则后，问题也随之而来：

第一，大二期的建成将带给梦幻岛一期公园什么样的影响？

第二，结合当前市场情况和未来市场发展趋势，大二期梦幻岛应该如何定位？

第三，大二期的具体游乐产品应该如何差异化和特色化？

第四，大二期将最终以什么主题和风格来展开设计和规划？

李总不禁又一次陷入沉思。

5.1.3 案例 B 部分：遥遥无期的大二期

1. 刘博士眼中的梦幻岛

刘进，某高校旅游规划和游客行为研究领域博士后、副教授，曾主持国内多项旅游规划和景区营销方案。刘博士是一位典型的理想主义学者，沉默寡言，爱思考。作为与梦幻岛合作多年的研究者，自2010年以来，刘博士一直对梦幻岛的日常管理与游客满意度进行着详细深入的跟踪。他不时将研究发现解读成管理建议反馈给梦幻岛的高层管理人员。

翻开刘博士的调研报告，里面有这样一段话："在我这几年近距离走访和调研过的人造旅游吸引物中，南湖梦幻岛实在是算不上特色鲜明，更说不上在规划设计方面有任何的创新和突破。"

在刘博士的记录中，梦幻岛主题公园是在2009年仅为南湖国际社区楼盘销售提供卖点而建造、缺乏前期专业性和可持续性分析的产品。每一次游走在梦幻岛，刘博士都会感慨良久。因为梦幻岛有着太多的遗憾，有着太多违反旅游开发设计原则的细节，虽然说不上是痛心疾首，却也让刘博士无法释怀。

"大二期一定要彻底避免这些设计瑕疵！"刘博士接到李总关于大二期规划初步方案委托公证的电话后按捺不住内心的激动，暗暗下定决心。

2. 晴天霹雳

2014年10月的一天下午，当刘博士抱着自己关于梦幻岛大二期规划设计的初步设想报告兴冲冲地走进李总办公室的时候，他立刻被房间里的压抑气氛笼罩。

李总像往常一样客套地招待着刘博士，但却双眉紧锁。

"大二期泡汤了。"周经理快人快语，先发言说。

"受全国房地产行业不景气的影响，开发商决定将南湖国际社区大二期住宅项目暂时延后。"李总补充道，"就算住宅项目开工，梦幻岛大二期也可能无限延期了。"

"什么？梦幻岛的一期只是个半成品，不是从开业之初一直就在准备这个大二期吗？"刘博士震惊之余，疑惑地问。

"万达不是还正在转型大建旅游项目吗？旅游项目是最能抵御经济下滑风险的投资！"刘博士不死心地说，"今年四川的旅游收入增加比重尤为明显，政府也更关注旅游业的发展了呀！"

"唉，这是开发商节约开发成本的必然选择！"桑经理抬起头叹息了一声，无奈地总结性地说。

3. 重返大一期

"我们现在唯一能够做的就是优化现在梦幻岛的管理工作了。"周经理说。

"嗯，这是目前最现实最有效的工作，大一期梦幻岛必须自力更生！"李总下定决心。

"首先游客满意度是个问题。"周经理眉头紧锁地说，"刘博士前段时间针对游客满意度的调查和一线员工的意见反馈都反映了游客对园区餐饮、观光车以及服务的不满。"

"的确，对于任何主题公园来说，游客满意度是关键。日常管理和园区基建工作都应该是为这个服务的，"刘博士接着总结道，"游客满意度又与游客游后行为选择挂钩，游客们是否选择重游、是否选择推荐他人来游玩等都与满意度高低有关。我们不能一味地采取高投入来吸引新客源，却忽略不停流失的老客户。"

"重游率和游客自发的口碑宣传是我们良性循环的突破口，但是如何去获得呢？"周经理不禁问道。

刘博士深吸了一口气，沉思了一下，一字一句地缓缓说道："我想，目前公园的所有问题其实都在围绕着一个方面。首先它们都是症状，是我们定位和经营模式含糊和特色不鲜明的反映。其次它们又都是原因，是我们在竞争中并未真正做到后来居上、无力加大再投入的原因。因此，我认为重新精确定位和确定并坚持执行由定位而衍生的特色主题才是关键！"

李总若有所思地说道："我时常在思索：我们主题公园的最终游客是谁？他们消费的实质又究竟是什么？常言道，你走你的阳关道，我过我的独木桥。把握住了我们自身游客的需求来制定未来战略，并由此提升我们现有主流游客的满意度和重游率，就不怕其他竞争对手有所动作。"

55

"是啊！"刘博士兴奋地说，"这就是问题的核心！我们的主流游客是谁？他们的需求是什么？解决了这两个问题，一方面，我们可以更好地面对欢乐谷、极地海洋世界和国色天香的竞争，开发和保护梦幻岛自身的有效客源；另一方面，我们可以精细化和人性化地满足主流游客需求，从而提高个人游客消费额、现有重游率以及强化游客正面口碑，并最终实现当前园区收入的最大化。"

桑经理深表同意。他翻开自己的笔记本，粗略地看了看后说道："相比于其他成都的主题公园，我们是最新的，而我们所在区域又是成都的新城核心地带。新的市政府和商业圈以及居住配套都向我们转移了。地铁1、5号线也会加快进度向我们方向靠拢！未来我们旁边还会有天堂岛和帆船港口两个公园，成都环球中心的人造海洋乐园也已经落户在我们周边，这将会形成一个主题公园群落，共同辐射周围二级市场。"他顿了顿后继续说道："我们团队有这样一种意见，目前的定位可否主打一个'新'字？以'新'带动游客的好奇心，吸引游客流，最终扩大知名度。"

刘博士若有所思："'新'？那如何解读并实施它呢？游客又会如何具体评价，会不会认同我们提出的这个'新'呢？"

又是一阵沉默。之后，三人各抒己见，并无定论。

（梦幻岛主题公园周边商业与公共交通配套示意图如图 5-1 所示）

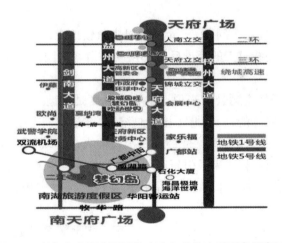

图 5-1　梦幻岛主题公园周边商业与公共交通配套示意图

4. 刘博士的调研问卷设计和调研步骤

刘博士等几人讨论良久却并无定论。但是几人却一致认为梦幻岛的现状和问题可以总结提炼为四个方面：第一，梦幻岛日常管理的重点是什么？因为只有抓住日常管理经营中的重点才能合理配置有限的企业资源，才能做到有的放矢，优先解决关键问题。第二，怎样识别其主流客源以及如何强化和巩固现有市场？第三，梦幻岛如何重新制定战略定位？在当前梦幻岛主题不清晰、设施设备特色并不鲜明的背景下，梦幻岛应该如何集中营销资源，坚持合理的战略定位来应对竞争，并指导其园内氛围和设施设备的优化与增添工作？第四，如何通过更精细化和人性化的手段，满足现有主流游客需求，从而实现对现有重游率、正面口碑和整体满意度的提升，并最终增加园区收入。

然而关于上述四方面的疑问究竟应该如何着手一事，几人始终无法从讨论中得到答案。最后，李总决定委托刘博士为梦幻岛量身定做一次问卷调研，从游客需求入手对上述问题进行测量与分析。

刘博士认为，通过游客需求对梦幻岛日常管理进行的调研工作，其核心应该是测量游客对现有的可主观感知的主题公园硬件和软件的评价。其硬件是指有形的设施设备和多样化的产品本身；而软件的构成则是其人员服务的各项指标以及游客体验的氛围。根据这一思路，刘博士把问卷分为"主题公园硬件""主题公园软件"以及"主题公园体验"三大部分。

在满意度指标的具体测量方面，刘博士认为，游客整体满意度是指游客最终的感知结果，它是相对于前面（硬件、软件和体验）的单项质量满意度而言的。整体满意度可以由是否总体满意和整体认同度（如顾客乐意来访）来测量[①]。在测量指标的具体选项方面，刘博士使用了李克特（Likert）五点衡量指标来评价满意度。

游客在体验之后，会在该旅游地的各项活动中进行主观的判断，进而产生某种可能采取的特定行动或行为的倾向。刘博士根据游客的这一行为特征，参考其他学者对于产品购后行为的具体表现的研究结论，确定出了测量主题公园游客游后行为意向的结构要素。

关于梦幻岛的定位测量方案，刘博士根据定位的概念，将其拆分为企业特征（含企业资源、能力和所在区位）、竞争对手特征以及目标顾客需求（含目标顾客特征）这三方面的考核内容，并设计出与之对应的具体问卷问题。同时，刘博士还将在梦幻岛的各竞争对手的园区内展开调研以获得更为全面的信息。

（关于刘博士此次调研量表详见本章附录2）

5. 调研结果

首先，刘博士和他的研究生们于2014年10月进入梦幻岛的各个管理部门以及一线部门顶岗轮岗约20天。在充分了解了企业日常管理流程、一线管理情况以及业务经营情况后，他们结合上述四个关键问题，修改并优化了调研量表的初稿。随后是为期一周的试调研和访谈，主要对象是一线员工和顾客。接下来，他们再根据试调研和访谈结果来修改模型和调研量表，最后是为期一整周的大规模随机抽样（随机发放问卷400份，回收有效问卷329份）。

刘博士团队花了近两个月进行数据分析和解读，以多因子正交旋转、聚类模型、方差比较以及结构方差模型来提炼和验证各变量的关系和因果路径。首先，刘博士根据性别、消费金额、地缘特征、重游率、游览时间、游览目的和满意度与推荐度

① NAMKUNG Y, JANG S C. Does food quality really matter in restaurants? Its impact on customer satisfaction and behavioral intentions [J]. Journal of Hospitality and Tourism Research, 2007, 31（3）: 387-409.

等统计结果识别出了梦幻岛的主流游客（数量相对最多，且具有高满意度、高推荐率、高人均花费以及高重游率的游客）特征。其次，通过对主流游客评价结果的数据解读以及因子分析的降维，刘博士总结了梦幻岛日常工作的重点内容与其排序以及各管理内容中需要提升的环节。在对比研究中，刘博士通过对主流游客中不同性别、年龄、收入以及教育程度组别的比较，获得了梦幻岛进行精细化全面质量管理的具体内容与策略。最后，通过对结构路径的解读，刘博士初步提出了达到高重游率、高正面推荐率等有效游客正向游后意向的关键路径和具体管理内容。

但是，在数据解读中，刘博士意外发现了许多非常规性的、令人疑惑的数据结果：

第一，主流游客的构成特征非常独特，同时他们在"是否是带孩子来玩"的出游目的选择上具有明显的争议性（方差值大）。同时主流游客更关注餐饮质量和公共区域的环境，而对游乐设备的各个方面相对不重视。这些究竟意味着什么？

第二，与成都欢乐谷和国色天香相比，梦幻岛与国色天香的游客喜爱度基本一致，而欢乐谷则超越梦幻岛3.3倍以上。且成都的这三家主题公园游客具有相互排斥、互不认同的特性。另外，游客对于这三个主题公园的出游动机也不尽相同。这些又暗示着什么？

第三，对于梦幻岛，游客的游览整体满意度如果折合成69分，那么整体高兴度却可以达到73分了，这仿佛是自相矛盾！

第四，数据表明：性别因素在安全性感知和人员服务质量上有明显差异；年龄因素在道路审美和员工仪容仪表感知上也具有显著差异；收入因素在餐饮感知质量和价格感知上也是显著不同的。

怎么解读这些发现呢？刘博士苦苦思索着。

（详细数据结果以及调研量表请参考本章附录1和附录2）

6. "快乐，慢生活"

刘博士认为，上述数据的结论可以说是非常规的，它们突破了现有研究和实践对我国主题公园的分析与解读。刘博士不由得陷入了深深的困惑之中，一个主题公园如此不合常规，是它正陷入困境还是另有启示？

这十年来我们身处的世界正在发生怎样的变化？iPhone（苹果手机）的成功不是其制造，而应是其创意和多元产业功能的组合；《功夫熊猫》的成功不是因为它讲述的是中国的故事，而是因为其在全球化背景下直接且普遍的幽默性和趣味性。现有的服务产业正以前所未有的速度扩张、延伸着，世界似乎正由服务经济时代走向以体验和创意为特色的内容经济。那梦幻岛呢？这又是怎样的一个产品？应该怎样去定位？抑或其自身的定位已自发形成，只是需要我们去解读和强化？

面对这次大规模的调研结果，刘博士、李总、周经理三人又一次坐定在梦幻岛的阳光茶舍里。刘博士首先根据调研数据结果解读了梦幻岛今后的管理工作重点，并针对公园今后的餐饮服务、设备氛围和特色商品等工作提出了具体的建议。

"我更关注的是此次调研的核心结论：游客并不是主要为了带小孩来的。设备对于主流游客不是出行的主要目的，这一定暗示着今后的工作重点。"李总若有所思地说。

"是啊，我们究竟卖的是什么？我们的主流游客是谁？"刘博士对着数据总结道，"我们提供的价值不是设备本身，我们的主流游客更不是泛泛而谈的家庭人群。我们所提供的应该是一种感情，一种家人、朋友或恋人共乐共享的轻松愉快的感觉。来梦幻岛不为了设备本身，而是为一种与亲近之人共处的空间和时间的重叠！我们的定位因此是'亲'而不是'新'，我们更像是都市中的一处桃源般的休憩地，给游客提供一个休息和亲密接触的场所来度过一个休息日。"

"对啊，这就是我们能和国色天香的人群不交叉、与欢乐谷不冲突的原因。"李总补充道，"我同意刘博士的调研建议——我们的门票应该免了。让更多的人来休息、休闲和消费！"李总下定决心。

"对！"刘博士也补充说，"梦幻岛实质上应该是一个都市商业综合体，与任何大型休闲购物广场和商场一样。"

"难怪游客这么关注我们的餐饮、商品和公共休息区域，对我们的设施设备的感知并不明显。原来是醉翁之意不在酒啊！"周经理咯咯一笑。

"我想到了一句广告词来传递梦幻岛的定位，"刘博士也笑了，"快乐，慢生活！"

"和成都的都市形象一致！"李总也笑了。

（成都梦幻岛以此调研结果而设计的一系列视频广告可在 http://www.nhmhd.com 获取；亦可通过优酷、土豆和百度等网站搜索观看。）

7. 回归

2014 年 12 月至今，梦幻岛员工服务培训、公园内餐饮和商品（纪念品）服务已经采取了外包的形式去经营，用李总的话来说就是专业的人做专业的事。园区游客无论在数量、人均消费额，还是在重游率上都有了持续并显著的提升。

刘博士在自己的调研总结中这样写道："首先，根据梦幻岛主流游客个人特征、出游行为特征以及竞争对手的现状，可以这么说：在其设备、环境和建筑无相对特色的背景下，没有特色就是梦幻岛的特色。因为梦幻岛主题公园的核心不是'主题'而是'公园'。它以一种公园最初的包容性和公共性吸引着游览者轻松休闲地到访。由此，是否可以进一步这样认为：梦幻岛这类伴随房地产项目而生的康乐类民营区域型主题公园的实质或至少其直接竞争对手应该是一种商业综合体？它应该给予其游客一个周末休闲娱乐的理由以及吃、行、娱、购的选择。这进一步支撑了现有主流游客更关注其餐饮和商品服务的事实；解释了为什么其整体满意度达 69% 而整体高兴度却达 73%；也解释了为什么梦幻岛、国色天乡和欢乐谷的游客为什么不交叉；还可以解释我们发现的梦幻岛现有工作重心顺序为什么应该是服务价值感知、餐饮价值以及商品价值这样一种排序结果，而其设备价值感知的提升是相对不

59

太重要的。"

李总在写给刘博士的一封邮件中这样写道："一个乐园的诞生背景各异，但不论如何它若要持续经营发展就必将遵循事物自身的规律，符合人性的本质。通过此次调研，我们终于领悟到：梦幻岛的管理经营需要不断地实现理性的回归，回归到市场的本质，回归到商业的原点，回归到人性特征。"

参考文献

［1］每日经济新闻. 全国 2 500 个主题公园博弈战打响，9 成不赚钱，盈利模式待考［EB/OL］.（2015-05-06）［2020-05-04］. http://www.1sy1.com/ppsj/show. asp？id=115365.

［2］NAMKUNG Y, JANG S C. Does food quality really matter in restaurants？ Its impact on customer satisfaction and behavioral intentions［J］. Journal of Hospitality and Tourism Research，2007，31（3）：387-409.

5.2　案例使用说明

5.2.1　案例用途与教学目标

本案例主要适用于旅游市场营销、旅游规划以及旅游营销调研等课程的课堂教学分析与讨论。具体来说，案例 A 对应上述课程内容中的环境分析、战略制定、产品价值分析与景区定位等理论与模型。案例 B 对应市场营销调研方法与步骤、消费者行为调研设计、统计方法（原理与应用）、市场（产品和企业）定位、主题与概念的确定（产品价值）等专业内容。

本案例适用对象：MTA、MBA 以及全日制旅游管理类研究生。

本案例的教学目标：

对案例 A 的分析与讨论：学生将能够更好地理解和掌握产品核心价值的剥离与本质提炼，能够更系统地分析并提炼企业经营环境中的优劣势问题以及外部机会与挑战，能够更加深入地了解企业竞争战略与定位在企业经营管理中的重要地位，并掌握企业战略的分析工具。

对案例 B 的阅读与讨论：学生将更好地掌握体验营销、感知质量、满意度、购后行为、顾客特征识别和定位等营销和消费者行为学中的基本概念；学生将充分了解旅游规划、体验类产品设计等基本常识和维度；通过教师对案例 B 的讲解与数据解读，学生将掌握感知质量、满意度测量、购后行为意向结构的主流模型和理论以及应用方法；学生还将掌握问卷设计、描述性统计分析、聚类分析、因子分析、方差分析，以及结构方程的具体使用手段与解读方法；学生将具备独立开展消费者行为方面科学研究的能力以及具备挖掘数据以获得路径决策的能力。

授课教师可以根据学生生源背景和具体培养要求来使用本案例,对于不做数据分析以及营销调研要求的 MTA 培养单位,可以单独使用案例 A。

5.2.2　启发思考题

1. 案例 A 思考题

(1) 梦幻岛大二期未来的战略方向与定位应该是怎样的?

(2) 大二期的建成将带给梦幻岛一期公园什么样的影响?

(3) 大二期的具体游乐产品应该如何差异化和特色化?

(4) 大二期将最终以什么主题和风格来展开设计和规划? 为什么?

(5) 试讨论梦幻岛的产品价值与本质包括哪些方面? 具体指什么?

(6) 根据上述分析,试讨论梦幻岛大二期即将推出后,整个梦幻岛主题公园应该如何进行定位?(在当前大一期梦幻岛的主题不清晰、设施设备特色不鲜明的背景下,如何集中营销资源和统一宣传口径? 如何利用定位来应对竞争? 如何指导其园内氛围和设施设备的优化与增添工作,从而获得对有效潜在游客的引导和吸引工作? 等等)

2. 案例 B 思考题

(1) 请分析主题公园产品的核心是什么? 其产品结构维度有哪些?

(2) 顾客是如何感知并评价产品质量的? 结合体验经济和体验营销的理论,分析游客如何具体感知梦幻岛的产品质量。

(3) 满意度是什么? 其基本构成是怎样的? 在梦幻岛的产品结构中,其游客满意度可以如何去测量?

(4) 顾客购后行为意向是指什么? 游客游后意向应该包括哪些方面? 你将如何使用上述理论去测量梦幻岛的游客游后意向?

(5) 市场细分的原理和依据是什么? 以梦幻岛为例,你将如何使用上述原理和分类去测量和识别梦幻岛的游客?

(6) 什么是定位? 需要通过现实中的哪些信息去确定定位? 怎样使用这些信息以确定定位? 通过对附录中数据的解读,梦幻岛大一期的重新定位应是怎么样的?

(7) 你怎么看待刘博士提出的定位于"亲"以及桑经理提出的定位于"新"两种观点,为什么?

(8) 描述性统计分析的具体指标有哪些? 分别用于解读什么? 因子分析的目的是什么,结合梦幻岛的数据结论如何解读其结果? 方差分析的目的是什么? 结合梦幻岛的数据,其检验结果应如何解读?

(9) 你如何解读梦幻岛调研数据结果? 怎样根据这些结果解决梦幻岛现有问题并重新定位?

(10) 对于案例 B 中提到的"商业化的回归",你如何理解? 是否赞同? 为什么? 请结合实例来说明。

5.2.3 分析思路

案例中提到的梦幻岛性格迥异的管理者们对梦幻岛的评价与判断，不能直接作为有效信息用于对梦幻岛的评价。授课教师和学生应该保持中立且客观的态度去了解、分析梦幻岛。授课教师可以使用"你怎么评价梦幻岛"等问题来测试学生的态度，并强调中立和客观对于管理者和研究者的重要性。

本阶段中，案例 A 涉及的四个人物，其实各有特点和局限：刘博士是一个旅游方面的学者，一个理想主义者，他凡事使用旅游吸引物的规划标准和学术态度去评价事物和事件，这是他的局限。李总是公园管理的负责人，凡事从战略的视角去分析，对于企业的日常管理和业务细节并未过多考虑，也不能去过多考虑。周经理是营销管理的执行者，关注细节却无法站在企业高度去分析总结问题。桑经理是招商端口的负责人，从以项目招商和短期经济绩效为梦幻岛工作的重心去思考问题是他所能提供的管理视角。因此他们各自的言语并不能直接作为评价标准。对于这一点，授课教师需要首先提示学生。

本案例的第一阶段：教师要求学生阅读案例 A。

首先，梦幻岛作为一种新兴的都市旅游吸引物，教师和学生应该避免用传统的旅游吸引物考量思路去评价它。授课教师和学生可以根据此部分案例提及的梦幻岛的区域位置、园区设备分布图以及旅游景区相关标准与研究（引言部分），全面了解新一轮房地产开发建设背景下产生的这类民营康乐类区域型主题公园的特征。

其次，授课教师和学生可以根据梦幻岛管理层的讨论内容去了解梦幻岛的内部和外部现状，并分析各个问题的产生根源。上述信息可以用作初步 SWOT[①] 或 PEST[②] 模型的分析之用（本步骤中，建议教师安排学生尝试使用量化的指标去进行模型分析，其量化的具体要求和方法可以根据学生的学术程度具体确定）。学生可以由此得出梦幻岛大二期未来的战略基本方向，并由此初步确立其定位的方向。在这一步中，授课教师还可以引导学生根据上述内容去总结提炼梦幻岛这一具有典型性和代表性的都市旅游吸引物的产品核心，剥离其产品构成维度、产品体验过程和维度，让学生初步了解如何去评价和测量这一类产品和服务。

本案例的第二阶段：教师要求学生阅读案例 B。

首先，在该阶段，授课教师应该指引学生根据梦幻岛现状涉及的基本四项问题（日常管理的重点是什么？有效主流游客是谁？有效主流游客的需求是什么？梦幻岛与之匹配的主题定位应该是什么？）去剥离其问题所涉及的关键词的范围（日常管理、主流顾客、顾客体验需求和定位），再由这些关键词的概念、相关研究结论去总结出关键词的结构和维度，让学生了解科学定性与定量研究的步骤和方法，以

---

① 所谓 SWOT，S 是优势（strengths），W 是劣势（weaknesses），O 是机会（opportunities），T 是威胁（threats）。

② 所谓 PEST，P 是政治（politics），E 是经济（economy），S 是社会（society），T 是技术（technology）。

便此后帮助学生尝试并掌握问卷初步设计的手段与流程。

其次，建议授课教师要求学生结合梦幻岛实例去设计一份关于梦幻岛的调研问卷：该问卷的设计目的是对梦幻岛的四项基本问题相关数据进行测量。教师可以使用参考案例附录中的问卷进行引导和讲解，也可通过自己的理解对附录问卷进行评判性的讨论，如：对问卷的全面性、客观性提出质疑，让学生思索；提出根据研究问题来设计问卷的思路，对问卷的每一道小题提出评价和分析等。这一步的主要目的是让学生去尝试根据研究问题的关键词和模型的知识去独立设计并评价问卷问题。

再次，授课教师和学生可以通过上述内容，结合具体的调研数据对梦幻岛的现状、主流游客的识别和满意度以及游后意向的基本趋势进行解读。刘博士的调研结论是对其调研数据结果的一个总结与提炼的精简版。在数据解读中，描述性统计分析、因子正交旋转、T检验的具体指标，目的以及启示应该由授课教师提出并让学生提前掌握和了解。在此部分中，授课教师可以尝试用 SPSS 软件演示每一种统计方法的使用过程。

最后，根据案例 B 部分中确定的四项基本问题，授课教师让学生根据上述所有步骤的总结提炼和思考，对这些问题进行总结性回答。要求使用简洁、清晰的语言回答，避免出现大量的统计用词和专业用词。上述四个问题按照该管理实战框架来回答：①梦幻岛应该首先做什么？其次做什么？再次做什么……②梦幻岛大一期的重新定位应该什么？如何体现与传播？

5.2.4　理论依据与分析

5.2.4.1　都市旅游吸引物——主题公园的现状

在中国，第一个真正意义的大型主题公园是 1989 年 9 月在深圳开业的锦绣中华，它以中华民族源远流长的文化历史为蓝本，以中华各地的自然与文化"微缩景观"为主题线索。

中国主题公园的发展可分为三个阶段。第一阶段是在 20 世纪 80 年代中期以前，以兴建游乐场为主。第二阶段是从 20 世纪 80 年代末期开始，全国各地出现了以民族文化、世界文化、仿古文化为主题的各种主题公园，一时之间，主题公园遍布大江南北，但大多数很快就因各种原因而倒闭。第三阶段是进入 2000 年以后，经过市场的激烈竞争与淘汰，伴随着新兴技术的发展，主题公园出现了规模化、集团化、多元化的趋向①。

当今中国新一轮的主题公园开发建设中呈现着这样一种规律：发展的主力都是所谓的康乐类民营区域型主题公园。

现今，这类型的主题公园已成为当今中国主题公园市场的主流，但不少却发展艰难，问题重重，众多的问题都指向了了这样一个根源：大多数主题公园都未从游客

---

① 胡亚琴. 对中国主题公园现状及未来发展趋势的探讨［J］. 科技信息，2009（9）：579-580.

体验需求的视角来经营管理。因而都存在着定位模糊、游客满意度低下、重游率低等不可持续经营的问题。游客体验需求的视角经营管理是一个以游客主观感知评价为基础的管理视角，它进而又指向了这样一系列问题：具体的个体主题公园的主流游客是谁，他们的需求是怎样的？游客是怎样感知主题公园的？游客满意度如何通过具体管理细节提升？如何通过提升游客满意度来提高游客游后正向行为意向？个体主题公园应如何结合自身定位实现其竞争优势，在有效管理的基础上赢取更大市场和更多市场认可？

因此，要研究上述一系列问题，首先需要依次弄清这样一些关键专业内容：游客识别因素具体有哪些？什么是感知质量？什么是游客感知质量（针对旅游和主题公园）？什么是满意度？什么是游客满意度？什么是行为意向？什么是游客行为意向？什么是游客体验？游客体验的具体细节和维度是怎样的？什么是定位？什么是主题公园定位？

同时，上述理论和界定内容应该最终进入调研量表的选择项目，并根据调研对象的具体情境展开，成为具体的调研问题。因此，在上述理论上参考和开发其测评体系和维度成为研究本类问题的关键。

最后，要通过客观的企业实践和调研获得上述问题的结论还需要一系列数学统计原理和方法。这些都具体总结提炼在以下内容之中，学生还可以通过下列的参考文献进行拓展阅读以深化相关知识点。

5.2.4.2 游客特征识别与测量

1. 消费者市场细分标准

根据科特勒的理论，消费者市场细分标准可以概括为地理因素、人口统计因素、心理因素和行为因素四个方面，每个方面又包括一系列的细分变量，如表 5-1 所示。

表 5-1　消费者市场细分标准及变量一览表

细分标准	细分变量
地理因素	地理位置、城镇大小、地形、地貌、气候、交通状况、人口密集度等
人口统计因素	年龄、性别、职业、收入、民族、宗教、教育、家庭人口、家庭生命周期等
心理因素	生活方式、性格、购买动机、态度等
行为因素	购买时间、购买数量、购买频率、购买习惯（品牌忠诚度），以及对服务、价格、渠道、广告的敏感程度等

2. 游客市场细分相关研究

游客市场细分逐渐成为旅游市场营销领域的研究重点之一，与之相呼应，国内外有关旅游市场细分的研究文献近年也逐渐增加。程圩（2007）等采用聚类分析将"韩国游"的中国游客细分为 4 类：探求型游客、社交型游客、逃逸型游客和迷茫型游客[①]。许峰（2008）采用聚类分析将成都国际游客细分为表象旅游者、商务旅游者、休闲旅游者、文化旅游者和深度旅游者[②]。涂玮（2008）等基于自组织神经网络对居民区域旅游影响感知进行分析，将灵璧县居民分为5类[③]。Park和Yoon（2009）将韩国乡村游客分为家庭型游客、消极型游客、求全型游客和求知寻刺激型游客四类[④]。Daz-Perez（2005）采用卡方自动交互检测法对西班牙加那利群岛中7个岛屿的游客住宿消费情况进行分析以找出高盈利市场[⑤]。Bloom（2004）采用自组织神经网络将游览过好望角的国际游客分为精神旺盛型游客、平淡稳健型游客和享乐型游客[⑥]。Beh和Bruyere（2007）根据动机，将肯尼亚国家保护区的游客分为摆脱枯燥者、寻知者和精神满足者[⑦]。

国内外关于旅游细分市场游客的特征通常采用的是多个系列变量因素组合法，即将影响游客在旅游过程中的需求和行为表现的多种因素作为市场识别和细分的标准。如：根据客源的地理位置、性别、年龄段、收入水平、职业、旅游次数、旅游时间、旅游交通工具选择、旅游动机和旅游花费等变量因素识别游客。

5.2.4.3　感知质量的概念

质量的广义定义是"优越或优秀程度"[⑧]。Zeithaml等（1998）认为质量有两种形态：客观质量和感知质量[⑨]，客观质量是指产品在实际技术上的优越性或优秀程度。从这种意义讲，客观质量可用预先设定的理想化标准来证实。由于学术界对什么是理想的标准存在争议，测量客观质量的属性选择和权重一直是研究者和专家关心的焦点。Maynes（1976）则认为客观质量是不存在的，所有的质量评估都是一种主观的行为[⑩]，该观点有力地支持了质量的另一形态：感知质量。感知质量的概念

①　程圩，马耀峰，隋丽娜. 不同利益细分主体对韩国旅游形象感知差异研究［J］. 社会科学家，2007（4）：118-120，128.

②　许峰. 成都国际旅游营销的市场细分与定位研究［J］. 旅游学刊，2008（2）：36-40.

③　涂玮，刘庆友，金丽娇. 基于自组织神经网络的居民区域旅游影响感知研究：以安徽省灵璧县为例［J］. 旅游学刊，2008（9）：29-34.

④　PARK D B, YOON Y S. Segmentation by motivation in rural tourism：a Korean case study［J］. Tourism Management，2009（30）：99-108.

⑤　DAZ-PEREZ F M, BETHENCOURT-CEJAS M, ALVAREZ-GONZLEZ J A. The segmentation of canary island tourism markets by expenditure：implications for tourism policy［J］. Tourism Management，2005（26）：961-964.

⑥　BLOOM J Z. Tourist market segmentation with linear and non - linear techniques［J］. Tourism Management，2004（25）：723-733.

⑦　BEH A, BRUYERE B L. Segmentation by visitor motivation in three Kenyan national reserves［J］. Tourism Management，2007（28）：1464-1471.

⑧　DARSONO L I, JUNAEDI C M. An examination of perceived quality, satisfaction, and loyalty relationship：applicability of comparative and noncomparative evaluation［J］. Gadjah Mada International Journal of Business，2006，8（3）：89-98.

⑨　ZEITHAML V A, PARASURAMAN A. The behavioral consequences of service quality［J］. Journal of Marketing，1996，60（2），31-46.

⑩　MAYNES E S. The concept and measurement of product quality［J］. Household Production and Consumption，1976，40（5），529.

最早由 Olson 和 Jacoby 在 1972 年提出，被定义为"对产品质量的'评价判断'"①。

5.2.4.4　顾客感知质量的评价模型与测量方法

1. 有形产品的感知维度

无论是对管理者还是研究者而言，想要为所有产品确定一个普遍适用的质量标准都是很困难的。产品种类不同，其具体属性或核心内部属性就会不同，顾客用来判断质量的标准也会不同。

尽管如此，学者们还是对建立尽可能普遍适用的、高度概括的质量维度进行了努力的探索。Carvin（1987）提出的产品感知质量维度包括八个方面：产品的性能、特征、可靠性、一致性、耐用性、服务性、审美性和产品或品牌形象，他试图通过这八个维度来厘清营销人员、工程师和消费者等一些相关团体提出的关于质量的复杂含义②。

Stone-Romero 和 Stone（1997）参考 Olson 和 Jacoby 对产品属性的划分，将产品感知质量分为四个维度：无瑕疵性、耐用性、外观和独特性，其中前三个维度属于内部属性，而最后一个维度属于外部属性③。

2. 服务产品的感知维度

学术界公认服务产品的感知质量因素与有形产品并不相同。其主要的划分基础是 SERVQUAL（服务质量的英文 service quality 的缩写）理论：英国剑桥大学的帕拉舒拉曼（Parasuraman）、赞密姆（Zeithaml）以及贝利（Berry）三位教授（简称 PZB 组合）研究了电器维修、零售银行、长途电话、保险经纪以及信用卡业务的服务质量的顾客感知质量情况，提出了一种新的服务质量评价体系，其理论核心是"服务质量差距模型"，即服务质量取决于用户所感知的服务水平与用户所期望的服务水平之间的差别程度（因此又被称为"期望-感知"模型）。其模型为：SERVQUAL 分数=实际感受分数-期望分数。SERVQUAL 将服务质量分为 5 个层面：第一是可靠性，指可靠地、准确地履行服务承诺的能力；第二是响应性，指帮助顾客并提供进一步服务的意愿；第三是保证性，指员工具有的知识、礼节以及表达出自信和可信的能力；第四是移情性，指关心并为顾客提供个性化服务；第五是有形性，包括实际设施、设备以及服务人员的外表等。每一层面又被细分为若干个问题，通过调查问卷的方式，让用户对每个问题的期望值、实际感受值及最低可接受值进行评分，并由其确立相关的 22 个具体因素来说明它。然后通过问卷调查、顾客打分和综合计算得出服务质量的分数④。

①　OLSON J C, JACOBY. Research of perceiving quality [J]. Emerging Concepts in Marketing, 1972 (9)：220-226.

②　GARVIN D A. Competing on the eiglit dimenseions of quality [J]. Harvard Business Review, 1987, 65 (11)：101-103.

③　STONE-ROMERO E F, STONE D L, GREWAL D. Development of a multidimensional measure of perceived product quality [J]. JAI, 1997, 2 (1)：11-19.

④　PARASURAMAN A, ZEITHAML V A, BERRY L L. Alternative scales for measuring service quality：A comparative assessment based on psychometric and diagnostic criteria [J]. JAI, 1994, 70 (3)：56-61.

3. 评价模型与测量方法

关于服务质量的评价与测评，主要观点有 PZB 组合的服务质量差距模型和北欧学派的全面可感知质量模型[1][2]。以上理论梳理归纳如下：

（1）服务质量差距模型。1985 年，PZB 组合提出了服务质量差距模型，并指出无论何种形式的服务，要完全正确地满足消费者的需求，必须突破以下五个差距：

- 顾客期望与管理者感知之间的差距。
- 管理者感知和服务质量标准间的差距。
- 服务质量标准和服务传递间的差距。
- 实际传递的服务与外部沟通之间的差距。
- 顾客期望服务和感知的服务之间的差距（模型的核心）。

服务质量的差距分析模型可引导服务企业的管理者发现服务存在的问题，原因是什么、应当如何解决。通过运用该模型，管理者可逐步缩小顾客期望与实际服务体验之间的差距，从而提高顾客感知的服务质量。

1988 年，PZB 组合提出了采用具体测量服务质量水平的 SERVQUAL 模型及相应的量表，其中包含五个维度，共 22 个测量项目。

（2）全面可感知服务质量模型。帕拉舒拉曼等提出服务质量是顾客感知的一种态度，是由期望服务质量与感知服务质量之间的差距得来，即服务质量=期望服务质量−感知服务质量。格鲁诺斯等认为期望对服务质量的影响并不明显，主张仅使用绩效感知测量服务质量。因此，格鲁诺斯提出了全面可感知服务质量模型。

有学者认为帕拉舒拉曼等人的理论构建了一个服务质量量化研究的完整体系，适用于评价服务质量的典型方法。在此之后，克罗宁和泰勒在 1992 年在对银行、洗衣、快餐行业进行调查后，提出了新的服务质量评价方法——SERVPERF（绩效感知服务质量）量表。该量表采用五个维度、22 项指标的研究模式，但减少了对服务期望的评判。

（3）其他测量工具。SERVQUAL 量表和 SERVPERF 量表是测量顾客感知服务质量的两个重要工具，它们都遵循一个基本思路。首先归纳出服务的若干属性，其次通过问卷调查法了解顾客对这些属性的看法，最后根据所搜集的信息来判断企业的服务质量状况。因此，学术界认为它们是以属性为基础的测量方法。

①　PARASURAMAN A, ZEITHAML V A, BERRY L L. A conceptual model of service quality and its implications for future research [J]. SAGE Publications, 1985, 49 (4): 45-51.

②　GRONROOS C. Service management: a management focus for service competition [J]. International Journal of Service Industry Management, 1990, 1 (1): 21-26.

Stauss 和 Weiulich 则提出一种以事件为基础的测量服务质量的方法[①]。此类方法并不是去了解顾客对某些服务属性的看法，而是要求顾客叙述他们的服务遭遇，并根据顾客所讲述的信息来评价企业的服务质量。

Flanagan 提出关键事件技术（critical incident technique，CIT），它要求受访者讲述一些印象深刻的事件，然后对这些所谓的关键事件进行内容分析，以寻求导致关键事件发生的深层次的原因[②]。目前，关键事件技术已被运用于管理学、人力资源学、教育学等多个领域。

4. 旅游产品感知质量的构成

国内外学者普遍认为旅游产品一般包括有形部分和无形部分（服务）[③]。有形部分就是一般意义上的商品，这部分可根据具体产品的属性测量质量。无形部分则是旅游服务，主要包括旅游从业人员的表现、旅游服务设施和环境的状况以及旅游活动的水平等。

旅游服务质量被界定为旅游企业或旅游管理部门能满足游客享受旅游服务的水平。旅游服务质量主要反映在服务人员的行为表现、服务的设施条件和服务的管理等方面。旅游服务质量评价的理论体系以传统服务质量评价理论为基础，其中 SERVQUAL 模型测量和比较旅游服务和产品的感知价值是目前的主流手段。

5. 主题公园游乐感知质量的测量研究

通过对全球十大最受欢迎主题公园的特征进行分析，我们可以归纳出受游客欢迎的主题公园所具备的特征，包括：①创意性的主题；②惊险刺激、多样化的游乐设施；③丰富的节目表演；④优美的景色。

结合以上学者对旅游服务质量的研究可以看出，由于旅游产品自身特性，在对主题公园游乐感知质量进行定义及构建游乐感知质量衡量量表时还应考虑以下两方面的内容：

第一，旅游活动是游客离开熟悉的环境而进行的活动，易产生不确定的安全隐患，主题公园游乐设施多以机械为主，向游客提供服务时，机械安全性及人员操作安全性就显得尤为重要。因此，在对主题公园游乐感知质量进行评价时，"安全性"应当着重考虑。

第二，主题公园旅游活动的进行依托于游乐设施、服务设施等有形产品。而 SERVQUAL 的服务质量评价法则是基于对服务过程的体验，更关注服务过程中与顾客直接交流的员工表现，而忽视了顾客对有形产品的体验评价。因此 SERVQUAL 中的"有形性"维度在用于主题公园游乐感知质量评价时，应加以强化。

① STAUSS B，WEINLICH B. Process-oriented measurement of service quality［J］. European Journal of Marketing，1997，31（1）：79-81.

② FLANAGAN J C. The critical incident technique.［J］. Psychological Bulletin，1954，51（4）：66.

③ 马骏. 旅游产品质量分析评价方法初探［J］. 商场现代化，2006（32）：267.

5.2.4.5 体验的概念与维度

1. 体验的概念

1970 年，美国未来学家托夫勒（Toffler）把体验作为一个经济术语来使用，这标志着体验开始进入经济学的研究范畴①。而市场营销对体验的研究时间就更晚一些，早期的研究主要集中在情感体验（Havlena & Holbrook，1986；Westbrook & Oliver，1991；Richins，1997）、消费体验（Lofman，1991；Mano & Oliver，1993）、服务体验（Padgett & Allen，1997）等方面②。

对于旅游体验（tourism experience）的含义，国内外学者都有着各自不同的见解。早在 1965 年 Daniel Boorstin 就把它理解为一种时尚消费行为，一种人为的、预先构想的大众旅游体验③。而美国学者 Cohen 则认为，对体验的需要因人而异，同时体验也赋予旅游者及其群体以不同的意义④。他认为旅游体验是个体与多种"中心"之间的关联，在阐述这种关联时，体验的意义源自个体的世界观，取决于个体是否依附于"中心"。

2. 体验的构成维度及测量指标

在现有的研究成果中，许多国内外学者从不同的视角对体验的构成维度及其测量指标进行构建，学者们的主要研究结果和观点如下：

Schmitt 从心理学、社会学、哲学和神经生物学等多学科的理论出发，依据人脑模块说把顾客体验分成感官（sense）体验、情感（feel）体验、思考（think）体验、行动（act）体验和关联（relate）体验五种类型，并把这些不同类型的体验称为战略体验模块（strategic experience modules，SEM）⑤。

除 Schmitt 对体验维度构成的研究，其他一些学者也做了大量相关的研究。如：派恩（Piae）、吉尔摩（Gilmore）根据顾客的参与程度（主动参与、被动参与）和投入方式（吸入方式、沉浸方式）两个变量将体验分成四种类型，即娱乐（entertainment）、教育（education）、逃避现实（escape）和审美（estheticism）。

郭肇元依据 Csikszentmihalyi 和 Lefevre 的理论将休闲体验分为情感、活力、认知有效性、动机、满足感、放松性与创造力七个体验维度⑥。王俊超以休闲产业区为例，依据郭肇元的衡量维度，从情感、活力、满足感、放松、创造性、投入程度、自由感、硬性服务及社交等这些维度衡量游客的体验，并探讨了游客的生活形态对休闲体验的影响①。

5.2.4.6　满意度的概念与测量模型

1. 顾客满意度的界定

顾客满意度概念最先由美国学者 Cardozo 在 1964 年提出，探讨了顾客预期与实际感知之间的差距以及满意度对再购意愿的影响②。Hample 认为顾客的满意程度取决于顾客所预期的产品或服务的实现程度。之后的学者，如：Oliver 则更重视个人心理上的感受，将满意度定义为"满意是一种消费者在获得满足后的反应，是消费者在消费过程中，感受产品本身或其属性所提供之愉悦程度的一种判断与认知"③。国内学者晁钢令提出客户满意是一个人通过对一个产品的可感知的效果（或结果）与他的期望值相比较后，所形成的愉悦或失望的感知状态④。而多数学者则借鉴 Hample 的理论，认同顾客满意度是指顾客把对产品的感知效果与期望值相比较后，所形成的愉悦或失望的感觉状态⑤。

2. 游客满意度构成维度和测量指标

游客满意（tourist satisfaction，TS）指游客通过旅游活动过程的感知和事先预期的对比，从而产生的心理差距。如果实际感知超过活动前预期，即差距为正值时，游客就会感觉到满意，差距越大游客就越满意；反之，负向差距越大表明游客满意度越低⑥。赵丽丽、南剑飞（2006）指出旅游景区游客满意度主要由三部分构成：景观满意（landscape satisfaction degree）、服务满意度（service satisfaction degree）和形象满意度（identity satisfaction degree），简称为 LSI 模式⑦。

国内学者董观志、杨凤影在旅游景区游客满意度测评体系研究中指出，旅游景区游客满意度评价指标体系由三个层次的指标项目构成：第一层次即游客总体满意度指标；第二层次即项目层指标，包括食、宿、行、游、购、娱、服务、设施、形象等指标；第三层次即评价因子层指标，是第二层次指标进行分解后的满意度指标⑧。

5.2.4.7　行为意向的概念及其结构维度

行为意向（behavior intention）是指一个人主观判断其未来可能采取行动的倾向。Smith 认为，行为意向是指个人对于态度标的物将进行一项明确的活动或行为的

①　王俊超. 游客生活形态及其休闲体验之研究［D］. 彰化：大叶大学，2007：56.

②　CARDOZO R. Customer satisfaction：laboratory study and marketing action［J］. Journal of Marketing Research，1964（2）：244-249.

③　OLIVER R L. Satisfaction：a behavioral perspective on the consumer［M］. New York：McGraw-Hill，1997.

④　晁钢令. 市场营销学［M］. 上海：上海财经大学出版社，2003：9.

⑤　冯国珍. 二十一世纪饭店经营与管理发展趋势［J］. 江西社会科学，1999（12）：3-5.

⑥　瓦伏拉. 简化的顾客满意度测量：ISO9001:2000 认证指南［M］. 北京：机械工业出版社，2003：77.

⑦　赵丽丽，南剑飞. 旅游景区游客满意度 TSD 模型研究［J］. 企业管理，2006（11）：36-38.

⑧　董观志，杨凤影. 旅游景区游客满意度测评体系研究［J］. 旅游学刊，2005（1）：27-30.

可能性或倾向，且该意向可能包含实际的消费者行为①。而 Engel 等则指出，行为意向是指消费者在消费后，对于产品或者企业所可能采取的特定活动或行为倾向②。

国内关于行为意向的研究也有一些比较权威的定义，例如台湾学者陈帘伃在研究中补充道：购后行为意向，是指消费者于体验后，对于体验的相关产品、服务或企业可能采取的再购行为、推荐意愿及交易意愿③。杨素兰认为，行为意向是指顾客对环境体验过程所产生的评估与感受，进而影响顾客态度、未来意向与推荐的可能性，包括再访意愿、向亲友介绍等④。

5.2.4.8　定位

1. 定位的概念

定位理论是随着营销理论的发展而衍生出来的。定位（positioning）最早出现于广告业，由著名的美国营销专家艾·里斯与杰克·特劳特于 1969 年首次提出。他认为：定位从产品开始，可以是一件商品、一项服务、一家公司、一个机构，甚至是一个人。定位并不是要你对产品做什么事情，定位是公司对其产品在潜在顾客的脑海里确定一个合理的位置，也就是把产品定位在你未来顾客的心目中⑤。菲利浦·科特勒认为："定位，是指公司设计出自己的产品和形象，从而在目标顾客心中确定与众不同的有价值的地位，定位要求公司能确定向目标顾客推销的差别数目及具体差别。"⑥

定位的实质可以说是相对于竞争对手，具体针对自身产品、品牌或企业进行潜在顾客心理方面的差异化工作，因而定位的开发和制定可由上述三个因素共同决定。

2. 旅游景区定位相关理论

国内学术界普遍认为传统旅游景区应从主体地位、功能、市场、形象、产品五个方面进行定位更新，努力实现在新的竞争条件下再发展⑦。

旅游目的地市场定位的步骤可分为四个方面：资源调查与评价、列举产品类型并区分等级、与竞争对手对比分析、选定目标市场。在景区开发之前，必须要先做市场定位且对目标消费群进行市场调研，从而有针对性地开发和包装合适的产品来满足消费者的需求⑧。

————————

①　SMITH K H. Implementing the "marketing you" project in large sections of principles of marketing [J]. Journal of Marketing Education，2004，26（2）：123.

②　ENGEL J F，BLACKWELL R D，MINIARD P W. Consumer behavior [M]. 8th ed. New York：The Dryden，1995：365.

③　陈帘伃. 体验质量对情绪、价值、体验满意度、承诺及行为意图影响之研究：以台湾现代戏剧演出为例 [D]. 新北：辅仁大学，2004：23.

④　杨素兰. 环境体验、体验价值、顾客满意与行为意向之研究 [D]. 台北：台北科技大学，2004：27.

⑤　王心美. 现代营销系统之研究：行销策略与顾客管理之研究 [D]. 长沙：中南大学，2004：43.

⑥　科特勒，凯勒. 营销管理：第九版 [M]. 上海：上海人民出版社，1999：21.

⑦　廖珍杰. 对传统旅游景区战略定位更新的思考 [J]. 武汉商业服务学院学报，2011（6）：27-30.

⑧　吴长亮. 景区开发市场定位策略及实例分析 [J]. 商业时代，2010（18）：39-40.

5.2.4.9 统计方法

1. 李克特量表（Likert scale）的说明

李克特量表属于评分加总式量表中最常用的一种，对属同一构念的项目采用加总方式来计分，单独或个别项目是无意义的。它是由美国社会心理学家李克特于1932 年在原有的总加量表基础上改进而成的。

李克特量表的优点：

（1）容易设计；

（2）使用范围比其他量表要广，可以用来测量其他一些量表所不能测量的某些多维度的复杂概念或态度；

（3）通常情况下，李克特量表比同样长度的量表具有更高的信度；

（4）李克特量表的五种答案形式使回答者能够很方便地标出自己的位置；

（5）李克特量表易被游客看懂，不易出现理解性偏差，从而降低理解风险。

2. 统计分析方法

（1）描述性统计分析。描述性统计分析是对样本的基本资料及研究的各变量和问项进行百分比、频数、平均数、方差、标准差等的基本统计分析。

（2）聚类分析。聚类分析（cluster analysis）指将物理或抽象对象的集合分组成为由类似的对象组成的多个类的分析过程①。聚类就是按照事物的某些属性，把事物聚集成类，使类间的相似性尽可能小，类内相似性尽可能大。聚类分析的目标就是在相似的基础上搜集数据来分类。这个技术方法被用作描述数据，衡量不同数据源间的相似性，以及把数据源分类到不同的簇中。

（3）交叉分析。交叉分析（crosstable analysis）又称立体分析，是一种基本的分析方法，通常用于分析两个变量之间的关系。实际使用中，通常把这个概念推广到行变量和列变量之间的关系，这样行变量可能由多个变量组成，列变量也可能有多个变量，甚至可以只有行变量而没有列变量，或者只有列变量而没有行变量。交叉分析的主要任务有两个：第一，根据搜集到的样本数据，构成二维和多维交叉列联表；第二，在交叉列联表的基础上，分析两两变量之间是否具有独立性或具有一定的相关性。

（4）因子分析。因子分析，又称因素分析，就是通过寻找众多变量的公共因素来简化变量中复杂关系的一种统计方法，它将多个变量综合为少数几个"因子"以再现原始变量与"因子"之间的相关关系。即用较少几个因子反映原始数据的大部分信息的统计方法。在多元统计中，经常遇到诸多变量之间存在强相关的问题，它会给分析带来许多困难。通过因子分析，研究者可以找出较少几个有实际意义的因子，反映出原来数据的基本结构。

---

① 苏州大学社会学院科协调查研究部编委会. 问卷统计分析与 SPSS 应用［Z］. 17 版. 苏州：苏州大学，2009：10.

旅/游/管/理/类/教/学/案/例/研/究

（5）方差分析。方差分析可以用来检验多组相关样本之间的均值有无差异。本章主要采用单因素方差分析来检验不同类型旅游景区在游客统计特征及旅游行为特征上的差异性、不同游客统计特征及旅游行为特征在旅游体验上的差异性、不同旅游景区游客在景区体验及满意度上的差异性。

5.2.5　背景信息

关于成都南湖梦幻岛的官方资料，授课教师和学生可以通过直接访问 http：//www. nhmhd. com 获取，亦可通过微博、抖音和快手等平台搜索其宣传内容，或可通过百度百科、大众点评和美团等平台搜索其基本资料和游客评价等。

案例中涉及的成都市区域和基本经济信息，学生可以通过成都市政府官方网站获得。所涉及的成都国色天香主题公园和成都欢乐谷以及成都极地海洋世界等旅游吸引物，可以访问相关官方网站获得具体信息。

5.2.6　关键要点

5.2.6.1　案例分析的关键
本案例的关键点在于：

（1）让学生对真实管理问题有客观和清晰的分析能力，不受其他人观点的误导。

（2）让学生具备快速初步分析企业战略定位方向和发展趋势的能力，为具体问题的解决夯实基础。

（3）让学生具备独立、科学研究管理问题的能力：熟悉科学范式和手段，可以独立开展前期理论基础框架搭建和后期实地调研工作。

（4）让学生可以理论联系实际，具有能够熟练使用科学的研究方法的能力，并能将其顺利回归到对现实管理问题的解读和解决的工作能力。这种能力的培养是本案例的重中之重。

5.2.6.2　关键知识点
1. 产品核心价值

充分了解产品核心价值是本案例的前期重点之一。产品价值包括产品的核心价值、有形价值、附加价值、潜在价值或物理价值、消费价值以及精神价值。任何个人和团体都不可能对所有产品和服务的细节了如指掌，因此，如何成功剥离产品价值，这是营销者和管理者的基本能力之一。此处授课教师可以参考莱维特的产品结构模型以及消费者行为中的购买动机等概念进行引导。

2. 感知质量的概念

质量一般被认为有两种形态：客观质量和感知质量。多数学者认为客观质量是不存在的，所有的质量评估都是一种主观的行为。该观点有力地支持了质量的另一形态：感知质量。

感知质量是指：第一，顾客感知质量是顾客对期望服务与实际体验之间差距的主观认识；第二，顾客感知质量包含多个维度，可以丰富他们的消费体验；第三，顾客感知质量以有形设施设备及人员为服务基础，体现在顾客与组织之间的互动服务过程中。

在科学研究中，感知质量往往是研究者表述产品质量的基本概念，而感知质量的测量通常需要对产品价值或结构本身进行一一拆分和评价。另外，有形产品与五星服务之间的构成因素是不同的。

3. 游客满意度的概念与测量模型

游客满意度的概念是在原有顾客满意度定义之上的修正。从形成机理上看，游客满意与其他服务领域里的顾客满意现象一样，它是游客期望和感知相比较的结果，是一种心理比较过程。后期的研究认为，游客满意度（tourist satisfaction degree，TSD）作为游客满意的定量表述，也是衡量旅游景区经营绩效（经济效益和社会效益）的综合性指标。

国内学者赵丽丽、南剑飞指出旅游景区游客满意度主要由三部分构成：景观满意度（landscape satisfaction degree）、服务满意度（service satisfaction degree）和形象满意度（identity satisfaction degree），简称 LSI 模式。

总结国内外的相关研究，游客满意度指标体系可以定义为一系列相互联系的能敏感地反映游客满意状态及存在问题的指标所构成的有机整体。游客满意度评价指标体系主要是根据游客的分类需求结构及其在景区的活动内容来构建。旅游景区游客满意度测评体系中明确提出了游客满意度评价指标体系是由三个层次的指标项目构成：第一层次即游客总体满意度指标；第二层次即项目层指标，包括食、宿、行、游、购、娱、服务、设施、形象等指标；第三层次即评价因子层指标，是第二层次指标进行分解后的满意度指标。

4. 游客游后行为意向及其结构维度

多数研究者认为游客对环境体验过程所产生的评估与感受将影响顾客态度、未来意向与推荐的可能性，包括再访意愿、向亲友介绍、忠诚度和对品牌的认同喜好度等。

5. 游客特征识别与测量

顾客或游客的特征识别概念是从市场细分的基本原理中得来的。按照科特勒对消费者市场的细分标准的描述，顾客特征维度包括了地理因素、人口统计因素、心理因素和行为因素四个方面，每个方面又包括一系列的细分变量。国内外关于旅游细分市场游客的特征通常都采用的是多个系列变量因素组合法，即将在旅游过程中影响游客的需求和行为表现的多种因素作为市场识别和细分的标准，例如：根据游客来源地、性别、年龄段、收入水平、职业分类、旅游次数、旅游时间、旅游交通工具选择、旅游动机和旅游花费等变量因素识别游客。

6. SWOT 评估矩阵

SWOT 分析方法是一种通过对比企业内外变量确定企业发展战略方向的分析方法。其中，S 代表 strength（优势），W 代表 weakness（弱势），O 代表 opportunity（机会），T 代表 threat（威胁）。其中，S、W 是内部因素，O、T 是外部因素。按照企业竞争战略的完整概念，战略应是一个企业"能够做的"（组织的强项和弱项）和"可能做的"（环境的机会和威胁）之间的有机组合。在 SWOT 评估矩阵中，企业战略方向可以有四种选择，即积极进取、多元化经营、战略转移和战略防守。每一个企业因其内外环境和资源的不同，其选择也是不同的。值得一提的是，战略方向是企业管理的重要参考和指导，因此首先要明确企业定位。

5.2.7　案例的后续进展

作者有关"成都梦幻岛主题公园员工工作绩效提升的尝试与结果"的案例正在测试与优化中。

5.2.8　课堂计划建议

本案例教学应该开设专门的案例讨论课来进行。授课教师应该将本案例课程安排在专业授课内容基本结束或即将结束之时，利用本案例做课程总结或课程补充。以下是按照时间进度提供的可行计划建议，仅供参考。

整个案例课程应该由 2~3 次课程来完成，每次课堂时间不得少于 2 小时。学生应该至少有一次课外阅读要求。整个案例共计需要 4~6 个小时的课堂讨论。

第 1 次课前计划：安排学生去相关网站了解成都市主题公园的基本情况和区域覆盖的基本范围。让学生提前阅读案例 A 正文，并提出启发思考问题：如梦幻岛的主要问题是什么？对梦幻岛如何评价？请学生在课前完成这些阅读和思考，并查阅国内外都市主题公园行业的相关资料以及发展趋势。

第一次课中计划：使用案例 A。

（1）首先陈述梦幻岛的基本特征，提出主要问题，让学生对梦幻岛的管理以及现状提出自己的见解，并陈述原因。（30 分钟）

（2）对于案例中提出的思考题，让学生进行初步回答和讨论，并陈述自己的理由、分析方法和路径。（控制在 30~40 分钟）

（3）引入 SWOT 矩阵的评估方法进行说明，并当场演示，为初步分析提供思路。（20~30 分钟）

（4）让学生使用 SWOT 评估方法对梦幻岛大二期的未来战略方向进行分析和总结，讨论与战略匹配的主题定位，并陈述理由。（60 分钟）

（5）介绍市场调研、游客行为调查的基本方法和路径。解说关键词剥离和界定的方法、要求以及目的。（30 分钟）

第一次课后计划：

（1）要求学生课下详细阅读案例的"理论依据与分析"部分的相关文献、涉及知识。

（2）要求学生对案例中所涉及的关键词和统计方法进行总结和提炼。

（3）提前提出案例 B 中总结提出的四个基本问题，要求学生根据这四个问题进行调研量表的设计工作，并对调研量表的设计和细节进行分析和解说。

第二次课中计划：使用案例 B。

（1）简要说明本次课程目的，引导学生并明确主题：对研究范式和方法的熟悉和掌握。（5 分钟）

（2）学生陈述自己的调研量表的选项、结构和细节，授课教师需做好记录。（1~2 小时）

（3）授课教师可以参考附录 2 的量表设计对学生的量表设计进行引导和评价：明确调研量表的设计步骤和调研问题与可行性调研方法之间的关系。（1 小时）

（4）学生结合案例调研问卷的设计和关键理论的原理回答案例 A 后的启发思考题。（30~60 分钟）

第二次课后计划：使用案例 B。

（1）要求学生阅读、理解案例 B 以及附录 1、附录 2。

（2）要求学生对调研量表进行理解和分析，对调研数据进行分析和解说。

第三次课中计划：使用案例 B。

（1）明确科学调研的系统性和客观性，明确解读数据的困难性和重要性，引入本次主题。（5~10 分钟）

（2）学生汇报对附录 1 和附录 2 的问卷设计的理解和意见，以及对数据的基本理解和解读。同时授课教师要求学生对案例中四个问题进行最终总结回答（1 小时左右）。授课教师要同时做好记录工作。

（3）授课教师对刚才所记录的数据理解难点和争议点进行总结，并引导学生展开讨论。（控制在 30 分钟内）

（4）授课教师打开 SPSS 或 Excel 软件进行数据的模拟操作和基本统计方法的操作步骤说明。（1 小时）

（5）授课教师对案例进行总结——范式、步骤、方法和每一步的目标等等，让学生独立掌握此类市场和顾客行为调研的手段、原理以及操作细则。（20 分钟）

第三次课后计划：

下节课前，要求学生每人独立上交一篇具体、完整的案例结论与启示的分析报告。

5.2.9　附录

附录 1

表 5-2　梦幻岛游客特征描述性统计结果

被调查者背景资料		人数	百分比	被调查者背景资料		人数	百分比
性别	男	130	39.51%	居住地	成都市区三环内	87	26.44%
	女	199	60.49%		双流和华阳	140	42.55%
年龄	14 岁及以下	25	7.60%		龙泉驿区	13	3.95%
	15~24 岁	162	49.24%		新都区	3	0.91%
	25~44 岁	129	39.21%		温江区	4	1.22%
	45~64 岁	12	3.65%		青白江区	4	1.22%
	65 岁及以上	2	0.61%		成都其他郊县(含县级市)	22	6.69%
					大成都以外四川省内其他地区	3	0.91%
					四川省外地区	23	6.99%
教育程度	小学	12	3.65%	月收入	800 元以下	71	21.58%
	初中	54	16.41%		800~1 500 元	42	12.77%
	高中	85	25.84%		1 501~3 000 元	90	27.36%
	大中专或职业技术院校	79	24.01%		3 001~5 000 元	50	15.20%
	大学本科及以上	94	28.57%		5 000 元以上	29	8.81%
职业	企业管理人员	32	9.73%	乘车到达时间	30 分钟以内	46	13.98%
	公务员	11	3.34%		30 分钟~1 小时	65	19.76%
	个体经营者	17	5.17%		1~2 小时	74	22.49%
	教师	20	6.08%		2~3 小时	63	19.15%
	学生	114	34.65%		3 小时以上	80	24.32%
	军人	4	1.22%	游玩次数	1 次	139	42.25%
	工人/企业普通员工	66	20.06%		2 次	67	20.36%
	离退休人员	1	0.30%		3 次	31	9.42%
	自由职业者	27	8.21%		4 次	24	7.29%
	农民	11	3.34%		5 次及以上	67	20.36%
	其他	22	6.69%				

77

表5-2(续)

被调查者背景资料		人数	百分比	被调查者背景资料		人数	百分比
交通工具	步行	21	6.38%	同游者	自己一个人	5	1.52%
	自行车或摩托车	22	6.69%		家人、亲戚	214	64.05%
	自驾汽车	107	32.52%		同学、朋友	93	28.27%
	出租车	20	6.08%		旅行团成员	1	0.30%
	公交车	106	32.22%		同事	15	4.56%
	地铁	52	15.81%	同游人数	单独1人	6	1.82%
游玩花费时间	1~2小时	29	8.81%		1~2人	70	21.18%
	2~4小时	155	47.11%		3~4人	133	40.43%
	4~6小时	105	31.91%		5~6人	85	25.84%
	6~8小时	39	11.85%		7人及以上	36	10.94%
游玩花费	50元及以下	21	6.38%	信息获知渠道	电视媒体广告	26	7.90%
	51~100元	82	24.92%		网络	61	18.54%
	101~200元	115	34.95%		旅行社	8	2.43%
	201~300元	56	17.02%		收音机	3	0.91%
	301元以上	51	15.50%		报刊	8	2.43%
三大主题公园喜爱度排序(由高到低)	梦幻岛—欢乐谷—国色天香	31	9.42%		手机短信	8	2.43%
	梦幻岛—国色天香—欢乐谷	25	7.60%		亲朋的推荐	212	64.44%
	欢乐谷—梦幻岛—国色天香	103	31.31%		户外广告	43	13.07%
	欢乐谷—国色天香—梦幻岛	82	24.92%	购买纪念品	有	70	21.28%
	国色天香—梦幻岛—欢乐谷	27	8.21%		没有	252	76.60%
	国色天香—欢乐谷—梦幻岛	27	8.21%				

资料来源：本表由刘博士带领的梦幻岛调研小组整理所得。

注：该调研问卷结果由于客观条件限制，存在数据不完整情况，但这部分是描述性数据，表明的是整体样本的基本情况，其数据分析不影响之后的数据降维与聚类结果，因此该统计结果虽然部分数据缺失，但依然有其基本参考价值。该表所有百分比的数据按基数329计算得出。

表 5-3　南湖梦幻岛主题公园游客感知质量分析结果

问卷问题分解			平均数	众数	标准差	信度	平均数分项排序
硬件感知质量	游乐设施设备	刺激性	3.84	4	0.753	0.867	5
		趣味性	3.69	4	0.718		10
		安全性	3.98	4	0.563		1
		多样性	3.54	4	0.796		16
		等待时间	3.55	4	0.848		15
	售票亭	分布的合理、方便性	3.81	4	0.77		6
		标识	3.82	4	0.782		5
		其他功能	2.09	2	0.662		30
	公共休息区域		3.42	4	0.896		18
	景区道路	便利性	3.81	4	0.741		6
		趣味性	3.58	4	0.798		13
		标识清晰性	3.7	4	0.78		9
	卫生间	清洁度	3.38	4	0.722		19
		数量	3.56	4	0.805		14
		容易找到度	3.47	4	0.902		17
	垃圾桶	清洁度	3.75	4	0.743		7
		容易找到度	3.85	4	0.67		3
	环境	卫生、安全	3.84	4	0.648		4
		绿化	3.9	4	0.74		2
		布局	3.66	4	0.703		12

表5-3(续)

	问卷问题分解		平均数	众数	标准差	信度	平均数分项排序
硬件感知质量	建筑	风格、色彩	3.71	4	0.789	0.919	8
		与设施景观的统一性	3.75	4	0.747		7
		特色鲜明度	3.67	4	0.771		11
	餐饮	种类	3.08	3	0.815		25
		新鲜度	3.2	3	0.725		23
		就餐环境	3.29	3	0.755		20
		等待时间	3.42	3	0.731		18
		食品味道	3.24	3	0.758		22
		价格	2.77	3	0.910		28
		分量	3.07	3	0.878		26
		愿意在园区就餐度	3.11	4	0.927		24
	其他商品	种类	3.20	3	0.785		23
		品质	3.26	3	0.735		21
		价格	2.9	3	0.865		27
		特色	3.2	3	0.815		23
	游客乘坐游览车关注点		2.27	2	0.706		29
硬件感知质量总体平均值			3.427				
软件感知质量	员工	服务态度	3.66	4	0.766	0.867	1
		专业水平	3.60	4	0.707		4
		服务及时性	3.61	4	0.698		3
		仪容仪表	3.63	4	0.725		2
		乐于提供帮助度	3.55	4	0.790		5
		找到工作人员及时性	3.49	4	0.804		6
		从游客角度的帮助度	3.44	3	0.779		7
软件感知质量总体平均值			3.568				
体验感知质量	公园氛围能否吸引游客参与体验		3.64	4	0.797	0.702	2
	梦幻岛让游客感到		3.09	3	1.171		5
	大多数设备游客是否愿意尝试		3.65	4	0.749		1
	是否愿意购买园区餐饮		3.1	3	0.866		4
	是否愿意购买园区纪念品		3.04	3	0.874		6
	梦幻岛总体独特、有吸引力		3.53	3	0.798		3
体验感知质量总体平均值			3.341				

资料来源：本表由刘博士带领的梦幻岛调研小组整理所得。

表 5-4　南湖梦幻岛主题公园整体满意度分析结果

	问卷问题	平均数	众数	标准差	信度	分项排序
满意度	整体满意度	3.76	4	0.665		4
	高兴度	3.82	4	0.648		3
	重游与否	3.82	4	0.706	0.874	3
游后行为意向	向他人推荐	3.89	4	0.756		1
	品牌认同度	3.49	4	0.836		5
	正面评价	3.84	4	0.704		2
满意度和游后行为意向分项平均值		3.77				

资料来源：本表由刘博士带领的梦幻岛调研小组整理所得。

表 5-5　游客感知价值各维度价值分析结果

因子命名	所含指标	因子负荷量									
		1	2	3	4	5	6	7	8	9	10
服务价值感知因子	B01	0.645									
	B02	0.705									
	B03	0.691									
	B04	0.629									
	B05	0.729									
	B06	0.643									
	B07	0.642									
餐饮价值感知因子	A26		0.553								
	A28		0.521								
	A29		0.788								
	A30		0.640								
	A31		0.718								
	C04		0.734								
体验价值感知因子	A21			0.600							
	A23			0.632							
	C01			0.559							
	C03			0.729							
商品价值感知因子	A32				0.679						
	A33				0.633						
	A34				0.671						
	A35				0.567						

表5-5（续）

因子命名	所含指标	因子负荷量									
		1	2	3	4	5	6	7	8	9	10
环境价值感知因子	A16					0.608					
	A17					0.685					
	A18					0.750					
	A19					0.574					
游乐设备价值感知因子	A01						0.637				
	A02						0.646				
	A04						0.744				
便利价值感知因子	A09							0.568			
	A10							0.789			
	A20							0.523			
卫生间满意度感知因子	A14								0.843		
	A15								0.815		
售票亭满意度感知因子	A06									0.693	
	A07									0.692	
效率价值感知因子	A05										0.704
	A27										0.540
因子个数		7	6	4	4	4	3	3	2	2	2

资料来源：本表由刘博士带领的梦幻岛调研小组整理所得。

表 5-6　以年龄为自变量的方差分析总结

问题	对比法	平方和	df	均方	F	显著性
您对公园内游乐设备的刺激性是否满意？	组间	3.447	4	0.862	1.541	0.190
	组内	181.717	325	0.559		
	总数	185.164	329			
您对公园内游乐设备的趣味性是否满意？	组间	3.923	4	0.981	1.952	0.102
	组内	163.301	325	0.502		
	总数	167.224	329			

资料来源：本表由刘博士带领的梦幻岛调研小组整理所得。

表 5-7　以受教育程度为自变量的方差检验结果总结

问题	对比法	平方和	df	均方	F	显著性
您对公园内游乐设备的刺激性是否满意？	组间	5.955	4	1.489	2.673	0.032
	组内	177.699	319	0.557		
	总数	183.654	323			
您对公园内游乐设备的趣味性是否满意？	组间	6.957	4	1.739	3.637	0.006
	组内	152.558	319	0.478		
	总数	159.515	323			
您对公园内游乐设备的种类多样性是否满意？	组间	12.981	4	3.245	5.380	0.000
	组内	190.614	316	0.603		
	总数	203.595	320			
您认为景区内的道路是充满乐趣的	组间	16.686	4	4.171	7.089	0.000
	组内	187.719	319	0.588		
	总数	204.404	323			
您认为景区内的道路是标识清晰的	组间	6.756	4	1.689	2.865	0.023
	组内	187.467	318	0.590		
	总数	194.223	322			
您认为公园内建筑风格、色彩是否能较好地突出公园特色？	组间	9.577	4	2.394	4.128	0.003
	组内	182.147	314	0.580		
	总数	191.724	318			
您认为公园内建筑和其他设施、景观是和谐统一的	组间	5.416	4	1.354	2.592	0.037
	组内	164.534	315	0.522		
	总数	169.950	319			
您认为公园内建筑特色鲜明吗？	组间	8.809	4	2.202	3.802	0.005
	组内	183.601	317	0.579		
	总数	192.410	321			
您对公园内餐饮店的食品种类是否满意？	组间	8.371	4	2.093	3.242	0.013
	组内	200.092	310	0.645		
	总数	208.463	314			
您对公园内餐饮店食品的新鲜程度是否满意？	组间	3.698	4	0.924	1.812	0.126
	组内	160.690	315	0.510		
	总数	164.387	319			
您对公园内餐饮店的就餐环境是否满意？	组间	5.993	4	1.498	2.749	0.028
	组内	170.626	313	0.545		
	总数	176.619	317			

表5-7(续)

问题	对比法	平方和	df	均方	F	显著性
您对公园内餐饮店的食品味道是否满意？	组间	5.355	4	1.339	2.415	0.049
	组内	174.595	315	0.554		
	总数	179.950	319			
您对公园内餐饮店的食品分量是否满意？	组间	10.154	4	2.539	3.434	0.009
	组内	229.167	310	0.739		
	总数	239.321	314			
您是否愿意在梦幻岛主题公园内的餐饮店就餐？	组间	12.882	4	3.221	3.839	0.005
	组内	265.080	316	0.839		
	总数	277.963	320			
您对公园内商品店的商品种类是否满意？	组间	6.766	4	1.691	2.797	0.026
	组内	191.072	316	0.605		
	总数	197.838	320			
	总数	240.006	320			
您认为公园内商品店的商品是特色鲜明的	组间	7.165	4	1.791	2.749	0.028
	组内	205.223	315	0.652		
	总数	212.388	319			
您对这里员工为您提供服务的及时性满意吗？	组间	6.750	4	1.687	3.637	0.006
	组内	148.025	319	0.464		
	总数	154.775	323			
您对这里员工的仪容仪表满意吗？	组间	9.159	4	2.290	4.681	0.001
	组内	155.052	317	0.489		
	总数	164.211	321			
您觉得这里的员工乐于提供帮助吗？	组间	6.499	4	1.625	2.697	0.031
	组内	191.600	318	0.603		
	总数	198.099	322			
您认为员工能站在您的角度去帮您解决问题吗？	组间	7.886	4	1.971	3.335	0.011
	组内	186.787	316	0.591		
	总数	194.673	320			
公园内的氛围能够吸引您参与到体验活动中去	组间	12.135	4	3.034	5.116	0.001
	组内	189.149	319	0.593		
	总数	201.284	323			
如果可能您愿意购买园中的纪念品吗？	组间	14.462	4	3.615	5.113	0.001
	组内	224.163	317	0.707		
	总数	238.624	321			

表5-7(续)

问题	对比法	平方和	df	均方	F	显著性
对我而言，梦幻岛总体来说是独特的、有吸引力的	组间	9.063	4	2.266	3.661	0.006
	组内	197.415	319	0.619		
	总数	206.478	323			
您对梦幻岛主题公园的整体满意度如何？	组间	8.071	4	2.018	4.711	0.001
	组内	136.630	319	0.428		
	总数	144.701	323			
此次梦幻岛之行是令您高兴的	组间	5.624	4	1.406	3.415	0.009
	组内	131.348	319	0.412		
	总数	136.972	323			
您愿意以后再次来到梦幻岛主题公园	组间	6.685	4	1.671	3.431	0.009
	组内	154.900	318	0.487		
	总数	161.585	322			
您会向您的亲朋好友推荐成都梦幻岛主题公园	组间	9.830	4	2.457	4.490	0.002
	组内	174.602	319	0.547		
	总数	184.432	323			
您在这个公园里得到了比您以前去的其他的公园更多的乐趣	组间	14.792	4	3.698	5.711	0.000
	组内	205.920	318	0.648		
	总数	220.712	322			

资料来源：本表由刘博士带领的梦幻岛调研小组整理所得（注：只列举了显著性差异项）。

表 5-8　以职业为自变量的方差检验结果总结

问题	对比法	平方和	df	均方	F	显著性
您对公园内商品店的商品种类是否满意？	组间	15.045	10	1.505	2.540	0.006
	组内	183.590	310	0.592		
	总数	198.636	320			
您对公园内商品店商品的品质感是否满意？	组间	10.378	10	1.038	1.999	0.033
	组内	158.344	305	0.519		
	总数	168.722	315			

资料来源：本表由刘博士带领的梦幻岛调研小组整理所得（注：只列举了显著性差异项）。

85

表 5-9　以收入为自变量的方差检验结果总结

问题	对比法	平方和	df	均方	F	显著性
您认为公园内建筑特色鲜明吗？	组间	8.236	4	2.059	3.679	0.006
	组内	153.341	274	0.560		
	总数	161.577	278			
您对公园内餐饮店的食品种类是否满意？	组间	7.516	4	1.879	2.961	0.020
	组内	171.962	271	0.635		
	总数	179.478	275			
您对这里员工的服务态度感到满意吗？	组间	8.565	4	2.141	3.802	0.005
	组内	148.121	263	0.563		
	总数	156.687	267			

资料来源：本表由刘博士带领的梦幻岛调研小组整理所得（注：只列举了显著性差异项）。

表 5-10　以居住地为自变量的方差检验结果总结

问题	对比法	平方和	df	均方	F	显著性
您认为公园内售票亭是分布合理、方便的	组间	12.059	9	1.340	2.374	0.013
	组内	176.653	313	0.564		
	总数	188.712	322			
您对公园内公共休息区域是否满意？	组间	13.078	9	1.453	1.990	0.040
	组内	228.600	313	0.730		
	总数	241.678	322			
您认为公园内的卫生间容不容易找到？	组间	14.065	9	1.563	1.974	0.042
	组内	248.626	314	0.792		
	总数	262.691	323			
您对公园内的园林绿化是否满意？	组间	12.907	9	1.434	2.747	0.004
	组内	161.815	310	0.522		
	总数	174.722	319			
对于园中大多数游乐设备您都愿意尝试	组间	10.791	9	1.199	2.173	0.024
	组内	173.806	315	0.552		
	总数	184.597	324			
您对梦幻岛主题公园的整体满意度如何？	组间	7.810	9	0.868	2.005	0.038
	组内	135.928	314	0.433		
	总数	143.738	323			
此次梦幻岛之行是令您高兴的	组间	7.947	9	0.883	2.172	0.024
	组内	127.670	314	0.407		
	总数	135.617	323			

旅／游／管／理／类／教／学／案／例／研／究

表5-10(续)

问题	对比法	平方和	df	均方	F	显著性
您会在别人面前给予梦幻岛主题公园正面评价	组间	11.069	9	1.230	2.584	0.007
	组内	149.928	315	0.476		
	总数	160.997	324			

资料来源：本表由刘博士带领的梦幻岛调研小组整理所得（注：只列举了显著性差异项）。

附录2

正式调研问卷

调研者记录：有无小孩？ 1. 有 2. 无

小孩年龄？ 岁

问卷编号：

梦幻岛主题公园游客感知质量与体验满意度调查问卷

先生/女士，您好！

我们是××大学梦幻岛主题公园游客满意度研究组成员，我们希望通过本问卷调查了解您对梦幻岛主题公园的真实感受，并将对公园的设施和服务进行调整和优化，您的意见和建议对我们很重要，我们会按《中华人民共和国统计法》对您的个人信息保密，谢谢您的参与！

注：请在您的选项下打√。

梦幻岛主题公园硬件设施感知质量

1. 您对公园内游乐设备的刺激性是否满意？

□非常满意 □满意 □一般 □不满意 □非常不满意

2. 您对公园内游乐设备的趣味性是否满意？

□非常满意 □满意 □一般 □不满意 □非常不满意

3. 您认为公园内的游乐设备是安全的：

□非常同意 □同意 □一般 □不同意 □非常不同意

4. 您对公园内游乐设备的种类多样性是否满意？

□非常满意 □满意 □一般 □不满意 □非常不满意

5. 您对公园内乘坐游乐设备的等待时间是否满意？

□非常满意 □满意 □一般 □不满意 □非常不满意

6. 您认为公园内售票亭是分布合理、方便的：

□非常同意 □同意 □一般 □不同意 □非常不同意

7. 您对公园内售票亭的标识是否满意？

□非常满意 □满意 □一般 □不满意 □非常不满意

8. 您认为售票亭还应该有哪些功能（单选）？

☐宣传功能　　　　☐游客咨询功能　　　　☐饮料食品售卖

9. 您对公园内公共休息区域是否满意？

☐非常满意　　　☐满意　　　☐一般　　　☐不满意　　　☐非常不满意

10. 您认为公园内的道路是便利的：

☐非常同意　　　☐同意　　　☐一般　　　☐不同意　　　☐非常不同意

11. 您认为景区内的道路是充满乐趣的：

☐非常同意　　　☐同意　　　☐一般　　　☐不同意　　　☐非常不同意

12. 您认为景区内的道路是标识清晰的：

☐非常同意　　　☐同意　　　☐一般　　　☐不同意　　　☐非常不同意

13. 您对公园内卫生间的清洁度是否满意？

☐非常满意　　　☐满意　　　☐一般　　　☐不满意　　　☐非常不满意

14. 您对公园内卫生间的数量是否满意？

☐非常满意　　　☐满意　　　☐一般　　　☐不满意　　　☐非常不满意

15. 您认为公园内的卫生间容不容易找到？

☐非常容易　　　☐容易　　　☐一般　　　☐不容易　　　☐非常不容易

16. 您对公园内垃圾桶的清洁度是否满意？

☐非常满意　　　☐满意　　　☐一般　　　☐不满意　　　☐非常不满意

17. 您认为公园内的垃圾桶容不容易找到？

☐非常容易　　　☐容易　　　☐一般　　　☐不容易　　　☐非常不容易

18. 您对公园内的环境（卫生、安全）是否满意？

☐非常满意　　　☐满意　　　☐一般　　　☐不满意　　　☐非常不满意

19. 您对公园内的园林绿化是否满意？

☐非常满意　　　☐满意　　　☐一般　　　☐不满意　　　☐非常不满意

20. 您是否认同公园内的布局？

☐非常同意　　　☐同意　　　☐一般　　　☐不同意　　　☐非常不同意

21. 您认为公园内建筑风格、色彩是否能较好地突出公园特色？

☐非常同意　　　☐同意　　　☐一般　　　☐不同意　　　☐非常不同意

22. 您认为公园内建筑和其他设施、景观是和谐统一的：

☐非常同意　　　☐同意　　　☐一般　　　☐不同意　　　☐非常不同意

23. 您认为公园内建筑特色鲜明吗？

☐非常同意　　　☐同意　　　☐一般　　　☐不同意　　　☐非常不同意

24. 您对公园内餐饮店的食品种类是否满意？

☐非常满意　　　☐满意　　　☐一般　　　☐不满意　　　☐非常不满意

25. 您对公园内餐饮店食品的新鲜程度是否满意？

☐非常满意　　　☐满意　　　☐一般　　　☐不满意　　　☐非常不满意

26. 您对公园内餐饮店的就餐环境是否满意？
□非常满意　　　□满意　　　□一般　　　□不满意　　　□非常不满意

27. 您对公园内餐饮店的就餐等待时间是否满意？
□非常满意　　　□满意　　　□一般　　　□不满意　　　□非常不满意

28. 您对公园内餐饮店的食品味道是否满意？
□非常满意　　　□满意　　　□一般　　　□不满意　　　□非常不满意

29. 您对公园内餐饮店的食品价格是否满意？
□非常满意　　　□满意　　　□一般　　　□不满意　　　□非常不满意

30. 您对公园内餐饮店的食品分量是否满意？
□非常满意　　　□满意　　　□一般　　　□不满意　　　□非常不满意

31. 您是否愿意在梦幻岛主题公园内的餐饮店就餐？
□非常愿意　　　□愿意　　　□一般　　　□不愿意　　　□非常不愿意

32. 您对公园内商品店的商品种类是否满意？
□非常满意　　　□满意　　　□一般　　　□不满意　　　□非常不满意

33. 您对公园内商品店商品的品质感是否满意？
□非常满意　　　□满意　　　□一般　　　□不满意　　　□非常不满意

34. 您对公园内商品店的商品价格是否满意？
□非常满意　　　□满意　　　□一般　　　□不满意　　　□非常不满意

35. 您认为公园内商品店的商品是特色鲜明的：
□非常同意　　　□同意　　　□一般　　　□不同意　　　□非常不同意

36. 如果您选择乘坐游览车，最看重的是（单选）：
□反复乘坐　　　□快捷便利　　　□有讲解与导游服务

梦幻岛主题公园软件设施感知质量

1. 您对这里员工的服务态度感到满意吗？
□非常满意　　　□满意　　　□一般　　　□不满意　　　□非常不满意

2. 您对这里员工的专业水平（如圆满解答您的问题并熟练提供帮助）感到满意吗？
□非常满意　　　□满意　　　□一般　　　□不满意　　　□非常不满意

3. 您对这里员工为您提供服务的及时性满意吗？
□非常满意　　　□满意　　　□一般　　　□不满意　　　□非常不满意

4. 您对这里员工的仪容仪表满意吗？
□非常满意　　　□满意　　　□一般　　　□不满意　　　□非常不满意

5. 您觉得这里的员工乐于提供帮助吗？
□非常同意　　　□同意　　　□一般　　　□不同意　　　□非常不同意

6. 您认为可以在需要的时候快速找到工作及服务人员吗？
□非常同意　　　□同意　　　□一般　　　□不同意　　　□非常不同意

7. 您认为员工能站在您的角度去帮您解决问题吗？

☐非常同意　　☐同意　　☐一般　　☐不同意　　☐非常不同意

梦幻岛主题公园体验感知质量

1. 公园内的氛围能够吸引您参与到体验活动中去：

☐非常同意　　☐同意　　☐一般　　☐不同意　　☐非常不同意

2. 梦幻岛让您感到（单选）：

☐热情欢乐　　☐新奇　　☐轻松愉悦　　☐惊险刺激　　☐害怕　　☐无聊

3. 对于园中大多数游乐设备您都愿意尝试：

☐非常愿意　　☐愿意　　☐一般　　☐不愿意　　☐非常不愿意

4. 您愿意购买园中的餐饮吗？

☐非常愿意　　☐愿意　　☐一般　　☐不愿意　　☐非常不愿意

5. 如果可能您愿意购买园中的纪念品吗？

☐非常愿意　　☐愿意　　☐一般　　☐不愿意　　☐非常不愿意

6. 对我而言，梦幻岛总体来说是独特的、有吸引力的：

☐非常同意　　☐同意　　☐一般　　☐不同意　　☐非常不同意

整体满意度和游后行为意向

1. 您对梦幻岛主题公园的整体满意度是：

☐非常满意　　☐满意　　☐一般　　☐不满意　　☐非常不满意

2. 此次梦幻岛之行是令您高兴的：

☐非常高兴　　☐高兴　　☐一般　　☐不高兴　　☐非常不高兴

3. 您愿意以后再次来到梦幻岛主题公园：

☐非常愿意　　☐愿意　　☐一般　　☐不愿意　　☐非常不愿意

4. 您会向您的亲朋好友推荐成都梦幻岛主题公园：

☐非常愿意　　☐愿意　　☐一般　　☐不愿意　　☐非常不愿意

5. 您在这个公园里得到了比您以前去的其他的公园更多的乐趣：

☐非常同意　　☐同意　　☐一般　　☐不同意　　☐非常不同意

6. 您会在别人面前给予梦幻岛主题公园正面评价：

☐非常同意　　☐同意　　☐一般　　☐不同意　　☐非常不同意

个人信息

1. 您的性别：

☐男　　☐女

2. 您的年龄：

☐14 岁及以下　　☐15～24 岁　　☐25～44 岁　　☐45～64 岁　　☐65 岁及以上

3. 您的受教育程度：

☐小学　　☐初中　　☐高中　　☐大中专或职业技术院校　　☐大学本科及以上

4. 您的职业：

□企业管理人员　□公务员　□个体经营者　□教师　□学生

□军人　□工人/企业普通员工　□离退休人员　□自由职业者　□农民

□其他

5. 您的月收入：

□800 元以下　□800~1 500 元　□1 501~3 000 元　□3 001~5 000 元

□5 000 元以上

6. 您的居住地：

□成都市区三环内　□双流和华阳　□成都其他郊县（含县级市）

□龙泉驿区　□新都区　□温江区　□青白江区

□大成都以外四川省内其他地区　□四川省外地区

7. 您本次来到梦幻岛花费的时间大约是：

□30 分钟以内　□30 分钟~1 小时　□1~2 小时　□2~3 小时　□3 小时以上

8. 您是通过哪种交通工具来到南湖梦幻岛？

□步行　□自行车或摩托车　□自驾汽车　□出租车　□公交车　□地铁

9. 您是第几次游览南湖梦幻岛？

□1 次　　□2 次　　□3 次　　□4 次　　□5 次及以上

10. 您此次与谁同游梦幻岛？

□自己一个人　□家人、亲戚　　□同学、朋友　□旅行团成员　□同事

11. 您本次同游的人数：

□单独一人　□1~2 人　□3~4 人　　□5~6 人　□7 人及以上

12. 您本次游玩南湖梦幻岛花费的时间大约为几小时：

□1~2 小时　　□2~4 小时　　□4~6 小时　　□6~8 小时

13. 您本次游玩梦幻岛的花费大约在：

□50 元及以下　□51~100 元　　□101~200 元　□201~300 元

□301 元以上

14. 您如何了解到南湖梦幻岛的相关信息（多选)？

□电视媒体广告　□网络　□旅行社　□收音机　□报刊　□手机短信

□亲朋的推荐　□户外广告

15. 您是否购买了梦幻岛提供的旅游纪念品？

□有　　□没有

16. 请从您对以下主题公园的喜爱度（由高到低）进行排序：

①梦幻岛　　②欢乐谷　　③国色天香　　_____

17. 与欢乐谷、国色天香比，您更喜欢梦幻岛的：

设备□非常同意　□同意　□一般　□不同意　□非常不同意

服务（餐饮、商品）□非常同意　□同意　□一般　□不同意　□非常不同意

环境□非常同意　□同意　□一般　□不同意　□非常不同意

氛围□非常同意　□同意　□一般　□不同意　□非常不同意

18. 您选择梦幻岛主题公园的动机是：

慕名而来□非常同意　□同意　□一般　□不同意　□非常不同意

体验设备□非常同意　□同意　□一般　□不同意　□非常不同意

休闲度假□非常同意　□同意　□一般　□不同意　□非常不同意

工作或学习□非常同意　□同意　□一般　□不同意　□非常不同意

带孩子来玩□非常同意　□同意　□一般　□不同意　□非常不同意

增进爱情或友谊□非常同意　□同意　□一般　□不同意　□非常不同意

和家人相处，增进感情□非常同意　□同意　□一般　□不同意　□非常不同意

偶尔路过□非常同意　□同意　□一般　□不同意　□非常不同意

19. 与其他景区相比，您认为梦幻岛的特色在于：

_____

_____

_____

××大学梦幻岛课题小组再次谢谢您的参与！

第 6 章
无米之炊：成都市森宇物业有限责任公司实施精细化管理的实践与启示[①]

6.1 案例正文

无米之炊：成都市森宇物业有限责任公司实施精细化管理的实践与启示

　　摘要：本案例描述了国家一级住宅物业管理公司——成都市森宇物业有限责任公司，在一系列日常管理困境中以精细化管理为手段，业主满意度调查为工具，同时实现降低人工成本与提升服务品质的管理实践过程。本案例以提出、分析和解决问题为基本框架，对各类相关信息进行描述与串联整合。由此，本案例首先以物业行业的现状与发展趋势为背景，以顾客满意度为视角，列举中国现代物业管理企业管理的各类问题，随后本案例导入了精细化管理，细节化与个性化管理核心内容，并通过业主满意度调研的数据分析、解读和应用，展示了这些理论在成都森宇物业有限公司日常管理中的具体应用。本案例为描述型案例，涉及了企业管理中的顾客满意度，服务感知质量以及精细化管理等相关专业知识点，并以故事情节为主线，对专业知识的理解与应用进行场景化演示。

　　关键词：现代物业管理；顾客满意度；精细化管理；服务感知质量

　　（英文摘要及关键词略）

----

　　① 1. 本案例由西南财经大学工商管理学院副教授艾进博士后，副教授吕兴洋博士与成都森宇集团袁静蔓女士共同撰写，作者拥有著作权中的署名权、修改权和改编权。

　　2. 本研究得到四川省科技厅"软科学"规划项目（2016ZR0101）——"基于人本化多学科交叉体系下的中国现代物业精细化管理与产业融合创新策略的实证研究"和 2019 年西南财经大学教师教学发展项目（2019JS001）的共同资助。

　　3. 本案例授权中国管理案例共享中心使用，中国管理案例共享中心享有复制权、修改权、发表权、发行权、信息网络传播权、改编权、汇编权和翻译权。中国管理案例共享中心可代表案例作者与非会员单位或个人进行案例交换、购买、出版等商务谈判，案例开发者享有版税收益权。

　　4. 本案例得到了成都市森宇物业有限责任公司的授权和认可，案例中的数据皆为真实有效的。

　　5. 本案例只供课堂讨论之用，并无意暗示或说明某种管理行为是否有效。

6.1.1　困惑

袁晓蔓站在办公室窗前远眺。窗外一片嘈杂，那是一条繁忙的街道，周末空闲的人群来来往往，熙熙攘攘。晓蔓这才意识到今天是周六，"周末了，我们的忙碌却刚刚开始！"她走回到办公桌，一边翻看着员工搜集回的业主满意度问卷，一边对公司各物业项目经理感叹道，"这就是服务行业，别人忙的时候，你也忙；别人下班回家了，你更忙！"

到公司就职之初，作为成都森宇物业改革的主要负责人，晓蔓就对公司各物业项目的管理部门按照公司的基本业务功能进行了重新的分工：成立了负责小区业主财务和人身安全的安保部、负责公共区域卫生的保洁部、负责公共绿化的绿化部、负责公共区域和业主设施设备维护维修的工程部，以及负责其他与业主沟通、涉及多种经营管理和收费等业务的客户服务部。各个部门的负责人由具备多年管理经验的专业人士担任。当然，这也参考了国内外一流的物业和不动产管理公司的基本构架和分工。

然而，这看似合理和专业的分工管理却仍然无法满足现实中业主们对公司服务质量提升的要求，公司各个物业项目的业主满意度仍然不高！

"乱七八糟，自相矛盾！"在细细阅读了几份问卷后，晓蔓更加迷惑了，"这样的问卷调查究竟有什么作用？"

那几份问卷的最后开放式问题的回答内容分别是："我家门口的路灯一点都不亮，晚上回家很不方便，要求整改！""客户服务中心的办事人员一点笑容也没有，冷冰冰的，办事效率也很低！""保洁大姐们每天清晨打扫卫生时，与其他路过的业主打招呼，严重影响我和家人的睡眠……我常常上夜班，孩子也才几个月，实在是没有一天休息好了！""对面单元有人养的狗，晚上不停地叫，你们为什么都不管？我在自己阳台上养的几只鸡你们却天天上门要求我处理掉。这不是双重标准吗？我少交了物管费吗？"

"这些问卷都成了业主抱怨发泄的机会了！"晓蔓感叹道。她还记得，刚才客户服务部的李经理还谈及业主的近期投诉和表扬记录：对于路灯，有不少业主表示太亮，是光污染；对于客服中心员工和保洁员工，不少业主都称赞他们兢兢业业的态度和家人般的友好；而对于小区内鸡狗的管理，有业主还认为太严格，并且形容"鸡犬相闻，世外桃源般的小区"才是和谐美好的。

李经理还谈到了前几天在公司管理的府河音乐花园项目五号门看到的一幕，与这些问卷的评价何其相似：一个保安主动帮助一个年长的业主拿送包裹，但在众人夸奖的声音中，也有不少业主显示出不满之情，他们认为付出物管费不是为了满足哪一家的需求，保安的职责应当是坚守岗位，负责小区安保和秩序，而不是搞个人服务。

"每一个业主的需求都有所不同，每一个人对于服务品质的理解也不同！这就像是看戏剧表演，一千个人眼里就有一千个哈姆雷特。"想到这里，晓蔓感到些许无奈，她不禁有些出了神："有没有办法形成一种大多数业主都认同的服务标准乃至一种生活居住价值观呢？"

当然，晓蔓也知道，这些问题的产生也是公司业务拓展和规模扩大后的必然结果。光公司旗下正在开发的峨眉山七里坪项目、金堂科玛小镇项目和南湖国际社区项目就分别包括了七期住宅项目、度假公园项目、主题公园项目和精品商业街项目。项目增加意味着管理面积扩大，因此公司人员短缺和管理经费投入不足的问题就开始凸显。再加之时间的推移，多数已开发项目面临着设施设备老旧和损坏情况严重等问题，让本就捉襟见肘的管理成本愈发吃紧。例如，公司在成都天府新区的标志性住宅项目——府河音乐花园项目，占地达到 1 000 亩（约 67 万平方米），业主接近 1 万户，现有员工超过 500 人，已经成为成都市天府新区最大的住宅社区之一。该项目多次被评为国家级优秀示范小区，是公司项目质量和公司形象的样板，并且已经成为业内重要的标杆。然而，该小区现在也面临着小区业主对其物业服务品质不满以及项目人工成本不停上涨等问题。

公司各物业项目业主满意度问题还直接影响集团公司的其他在售和在管项目。潜在的购买者与其他公司项目的购买者十分关注公司已开发项目的声誉和口碑，因为这也关系着他们未来的投资或居住风险。因此，如何提升各物业项目管理质量的问题是公司目前的工作重点，亟待解决。

"众口难调啊！"晓蔓不由地感叹道，她整理思绪，继而总结道，"这么多不同背景和区域的人搬迁到此，没有形成一种合适的人居文化，以及在此基础上产生高认同感的社区品牌应该是这些问题的根源。"

"我们前几年都在不计成本地补贴公司的各类物业项目，为的是形成良好的市场口碑和公司品牌，为集团后期的房产开发项目赢得更多的客源和发展空间。然而，这一切看来不仅收效甚微，甚至还导致了业主们的期盼值不合理地上涨。"晓蔓继续对经理们说道，"当然，不停地补贴是不可持续的，效果也是有限的。在如今的经济形势下，集团高层要求我们必须降低管理成本，特别是人工成本！今年集团不再进行物业项目的补贴，并要求各物业项目实现收支平衡或盈利！"

"啊！"办公室里一片哗然。来自各个部门的经理惊讶甚至惊恐地相互对望着，他们七嘴八舌，"降低人工成本，提升品质？这本身就是矛盾的！"

"是不是公司要开始裁员了？"

"没有集团公司的补贴了，物业费的提价不仅过程复杂，还会引起业主们的反感和抵制，看来只有裁员了。"

"现在保洁人员的工资加社保都超过了每年五万元一人，而且每年还在上涨，人还很难招到。看来以后员工也会越来越少了，现有正常工作都难以维持，还要求提升？"

也有人紧张地低声讨论，会场气氛开始紧张了。

"是啊，雪上加霜！"晓蔓心里也这样认为，但是她决不能表现出来。她缓缓地环顾四周，对办公室里的每个人说道："这是要求！"

随即她在笔记本上记录道："降低成本、提升服务品质和提高业主满意度。"在这些关键词后，她画了一个大大的问号，又在后面写到"无米之炊"四个字，并加上了一个感叹号。

6.1.2　问卷

袁晓蔓望着那几位经理走出她办公室的背影，叹了口气，目光转向桌上的盆栽，心里默念着笔记本上的关键词，陷入沉思。降低人工费用意味着两方面的难题。一方面，没有竞争力的薪资肯定无法招募合适的员工，从而无法进行服务品质的提升以达到业主不断提高的期盼值；另一方面，在资金无法支持甚至减少的情况下要求数量越来越少的员工与管理人员主动增加工作量，并提高工作效率和服务绩效！这些看上去似乎都办不到！晓蔓有点困惑了。

"这些关键词都自相矛盾啊！"晓蔓感慨道，一边顺手开始翻看回收的业主满意度调研问卷。

问卷是这样设计的：题目是"业主满意度问卷调查"，下面就是具体内容、问题与评分。具体内容涉及了府河音乐花园项目的基本职能管理，即安保、绿化、保洁与客户服务的基本工作，问题是按照职能分工来设计的，一共 34 个问题。而评分按照 Likert 五个标准设计：非常好，好，一般，不好，非常不好，供业主选择。问卷的最后是业主的开放式意见和评论。

一边翻看问卷，晓蔓心里却一直回想着笔记本上的记录："提炼府河音乐花园项目品牌内涵，降低人工费用，提升服务品质和提高业主满意度！"

晓蔓随后在笔记本上总结了关键词所对应的具体问题：

第一，业主满意度如何提升？而没有经费支持的业主满意度又该如何提升？

第二，如何降低运营费用，特别是人工费用？哪些人工费用是可以降低的？

第三，服务品质如何提升？

第四，降低了成本的服务品质又该如何提高？

第五，公司的品牌内涵应该如何提炼和总结？如何利用品牌塑造聚集业主认同感，进而提升业主满意度？

第六，……

"这么多工作，怎么开始？"晓蔓一筹莫展。

6.1.3　中国物业管理行业的现状

"烦！"回想起这些年的工作情景，晓蔓不由自主地叹了口气。

晓蔓思绪纷繁复杂，她甚至后悔加入现在的这个"万恶"的物业行业。拥有工商管理学习经历的她在加入公司之前，对物业行业做过一次调研。她当时是这么认为的：作为"朝阳"服务产业的现代物业管理行业是在打破了传统的行政福利性的房产管理理念后建立起来的。现代物业管理公司的发展趋势是这样：其所经营的范围已经不仅仅局限于传统的小区管理，还涵盖了商业地产、旅游景区、主题公园、酒店、航空公司、政府政务大厅、写字楼、商业大厦、大型综合性商场以及综合性民居和商业社区管理等等。

而在西方，现代物业管理行业（西方称为不动产管理行业），由酒店管理的理念发展而来，是现代接待业与服务业的重要分支，已经是以实现社会、经济、政治和环境效益的同步增长与和谐发展为最终目的的重要经济和政治体（如社区会被作为政治和市场主体参与其相关决策）。因此，纵观国内外物业行业发展的趋势，可以这么说，中国物业是发展潜力巨大的一个行业！

然而，在加入公司之后，晓蔓就真切地感受到落差：

首先，国外的物业管理起步很早，发展也相对比较完善，但对比中国的物业管理企业，体制、制度和文化等方面都存在巨大的差异，所以能够从国外借鉴的经验相当有限。因此，国内的物业管理还停留在简单和粗放的阶段。

其次，中国物业行业的从业人员素质偏低。员工数量最多的一线保洁、保安和绿化人员往往是附近周边的失地农民，平均文化程度只有小学水平。这给企业的管理、品质的提升和顾客服务质量标准的执行带来了巨大的挑战。

再次，就目前而言，物业管理的理念在国内并没有真正深入人心，业主也往往不理解和不支持。因此，全国范围内的物业企业普遍都遭遇管理工作内容与业主需求之间的矛盾；同时由于物业管理公司没有执法权，在具体管理工作中很难去维护和坚持公共条约、制度，这也使得公司管理常常陷入被动与两难的境界；也由于社区、城管和派出所以及城建部门对物业纠纷执行与公众期待尚有管理（如乱搭乱建、住宅改商用和噪音扰民等），物业管理企业无法进行有效且正常的管理……拿晓蔓的话来说就是："我们很苦，不仅每天要被迫接受业主的负面情绪，还受到来自多个主管部门的约束！"

最后，物业费涨价首先需要征得业委会的同意，并获得每个项目 50% 以上业主的投票同意才能通过。而在现实中这不太可能实现。因此，在各方面费用都在不断涨价的情况下，很多物业项目的现有物业费无法维持公司正常经营，只有选择控制成本，其服务品质也只能下降。

而现在，当被问及物业行业时，晓蔓一定还会强调说，我们（物业）是微利，甚至是无利行业，就成都地区来说，接近两元钱一平方米的物管费已经算是中等收费了；而设施设备需要维护，清洁卫生需要打扫，安全需要监管和保证，其他客服服务还要求上门……很多开发商都是贴钱进行物业管理以求得后期开发楼盘的顺利销售。

当然，晓蔓一直认为，这样做是不持久的，就像在当前经济收缩背景下，集团公司不再补贴物业公司，而要求控制物业成本就是最好的证明。"要么涨价，要么节流，这往往是所有物业公司面临的选择！"

6.1.4 争论

"怎么办？"描述完自己的疑问后，晓蔓最后问道，目光扫视着会议室的每个人。这是一次物业公司高层管理人员的讨论会，并邀请了集团公司负责地产营销和运营的顾问刘博士。

一时之间，各人纷纷小声议论。有员工窃窃私语，谴责公司的自私自利，也有不少有共鸣的管理人员开始相互控诉自己主管工作中的不公与不满。

"是啊，在今天的经济形势下，公司会裁员降薪的传言已经引起了大家的恐慌。在这个时候提出提升品质和打造品牌，无疑增加了大家的不满。"晓蔓很清楚这一点。

"问题的实质是如何实行物业日常精细化管理！"负责公司营运的梁总监总结性地回复道。

"理论归理论，怎么着手和落地才是目前的关键。"有人针锋相对地回复了一句。晓蔓看了看，是府河音乐花园项目的客户部刘经理。

"是啊！"晓蔓不由开始整理思路，同样对自己提问，"降低人工费用，提升服务品质和提高业主满意度。"她顿了顿，在记事簿加上了一句"其中的逻辑是什么？哪个工作优先？从哪里开始？怎么开始？"

但是，从工作本身的角度出发，晓蔓却认为问题的核心应该是如何实现公司管理中的规范化、细节化以及个性化的管理过程的重组。

"我认为，先明确业主需要什么，由此来安排对应的工作才是可行之路！"公司市场部的李总监从营销的角度进行总结。

"业主需要什么？这能够满足吗？人人都愿意只付出 1 块钱的成本获得超过 1 块钱的利益！"梁总监从运营管理的角度，更关心针对眼前情形如何处理的问题。

之后便是一阵良久的沉默。

"哦，首先，"集团公司地产营销和运营顾问刘博士咳嗽一声，开始了发言，他说道，"刚才所提出的几项工作应该是有个顺序的，我认为提高业主满意度是重点或者说是最终目的，提升服务品质是手段和方法，而控制人工成本也是限制性条件。"

"我认为，"刘博士开始滔滔不绝了，"应该首先围绕如何提高业主满意度来提升服务品质，并由此重新安排工作职能。这样不就可以确定保留或删除哪些岗位，以及规范各岗位应该干什么和怎么干吗？在业主满意度随之提高的同时，我们也能发掘出业主们认同的物业特征。这样公司形象与认同感不也就同时形成了吗？"

"哦?！"众人有些明白了。但是李总监质疑道："没有经费如何进行品质提升？如何具体启动并开展工作？这不是又回到了起点吗？"

这样一问，大家都深有同感。是啊，毕竟新的工作需要更多的人员，设施设备的优化也需要资金。会议又陷入争论中。

6.1.5 问卷的解读

见众人并无定论，晓蔓轻轻咳嗽一声，说道："要不我先给大家分享一下这次业主满意度调研的基本结果吧。说不定如何开展下一步工作的答案就在其中。"

"我们这次的问卷设计是围绕对各项职能工作的业主满意度评价来展开的，"晓蔓接着说，"粗略一看有很多自相矛盾的地方，但是随后通过基本的统计和分析，结果大概是这样的——根据对业主信息的统计，目前公司物业项目的多数业主的构成是收入中等偏上且稳定、教育程度较高的四川本地年轻业主。业主们目前最认同的是'公司对重要信息发布的准确性和及时性'，而不认同的有'小区服务设施质量''健身娱乐休闲设施的质量''噪音控制''电梯设备的管理'等。"

"这些要么我们早就知道，要么并不能说明什么啊！"客户部刘经理在座位上小声嘀咕。

"是的，这并不是我们想要的答案！"晓蔓听到了刘经理的嘀咕，笑了笑，接着说，"但是，接下来我们根据这些数据进行的分析结果很有意思。"

的确，在进行了针对数据的因子分析、交叉分析以及 T 检验后，晓蔓看到了不一样的信息：

首先，对于府河音乐花园国际社区物业服务质量的因子分析的结果是现有的 34 个业主体验节点可以用 9 个公因子来总结，按照其解释权重进行排序，它们是品牌正面整体满意度和忠诚度因子、公平工作能力和态度因子、安全设施设备和附加服务因子、基本管理服务质量因子、基本安全维护和控制服务质量因子、基本环境维护服务质量因子等。而对于整体服务满意度的因子分析结果是 9 个相关指标，可以分为两类：第一类因子在"设施设备，服务项目，专业技术，交流方式"上有高负荷，可以解读为可视型硬件和服务因子；第二类因子在"小区安全，人员素质，办事效率，诚信问题，合理收费"上有较高的负荷，可以解释为不可见服务软件因子。

其次，T 检验的结果是：不同性别的业主在看待发布各类重要信息、通知和合理收费的问题上有显著性差异；不同年龄的业主在设施设备、交流方式和办事效率上的看法有显著性差异；不同职业的业主对人车分流管理、进出小区人员管理、设施设备管理等服务指标的评价具有显著性差异；而不同收入的业主在大部分服务指标的评价和判断上却不具有任何的显著性差异……

最后，通过聚类分析，可以看出：工资收入在 6 000~10 000 元、年龄在 45 岁以下的业主，对目前服务满意度的影响最大，对服务的要求也最高，同时他们对现有服务满意度较低。

但是这些信息应该如何解读，如何得到关于细节化与个性化的管理决策与应用，并最终提升业主满意度呢？

会议室里的众人都陷入了沉默。

（关于袁晓蔓此次调研的部分数据结果请参考本章附录1，问卷以及问卷设计思路详见本章附录2）

6.1.6　精细化管理的措施与结果

虽然并不完全明确调研结论中各项分析的作用机制，以及核心问题的相互关系，但晓蔓还是在刘博士的指导下，根据上述业主满意度调研的分析结论，进行了一系列的工作调整：

首要的工作是针对各个职能岗位强制推行标准化与规范化。晓蔓提出了"真诚公平、诚信透明、严谨细致、体贴高效"的服务理念，并明确了公司的经营定位是"服务"而非"管理"。在推行这些理念的同时，晓蔓要求各职能部门负责人与公司人力资源部负责人一同，重新编写所辖部门的职位说明书，明确各部门的管理规程、工作纪律、服务礼仪、维修响应机制、训练培训制度、以业主反馈为主的考核奖罚措施。接下来，以行业的龙头企业万科为标杆，公司将所指定的相关文件和制度与万科的全方位服务体系进行比较，并在财务部门参与讨论后进行了调整与优化。关于这些工作，晓蔓提醒公司经理和主管们："我们要规范到什么程度？要保洁大姐都知道每次清扫工作，一阶楼梯应该扫几次，见到业主应该说什么，怎么笑，音量和时间怎么控制；要客服人员接到电话，应该知道首先说什么，最后说什么，以及处理一次客户问题的标准时间是多久！"

其次是根据调研结果中整体服务满意度的因子进行结果分析，公司总部重新调整管理运营过程的系统化与流程化的工作。例如，总部岗位进行了一次裁员和重新调整，将与四大职能对应的总部四大管理部门整合为运营和品质两大部门。运营部负责各个项目的业主不可见的管理部分和设备管理，而品质部统筹一切业主可视可触的服务标准、员工培训和员工考核等管理工作。当然，这两个部门的主要工作是以晓蔓调研中涉及的34个业主体验点的因子分析结论中的9个公因子来进行分工和参考的。

最后是针对公司服务管理中的细节化与个性化的梳理工作。比如，在通知通告的发布上，公司品质部要求，统一加上这样的称呼——"尊敬的业主先生/女士"或直接使用"亲"，同时用词更为亲切和详细，尽量将每个通知的来龙去脉和与之对应的家庭影响与推荐措施进行说明等。当然，这样根据不同业主需求对比和分类所获得的细节化启示与管理决策还有很多。

值得一提的是，这一切改变并没有造成公司多余的资金投入，反而降低了总人工成本。因为工作内容更明确了，重点更突出了，每项工作的开展也更能满足业主们的需求了。当做什么和怎么做被确定，工作量反而更少，需要的人员也随之减少了。人员数量的减少带来的是单位薪酬的提升。在现有人工成本持平甚至是减少的情况下，个体员工的薪酬却能有所增长，并能够体现多劳多得的激励原则。在公司众多的物业项目中，府河音乐花园和南湖国际社区两个项目在当年年底首次实现了物业管理方面的盈利。

"无米之炊居然成功了，而且没有成为夹生饭！"晓蔓发自内心地感叹道。但是，晓蔓心中一直有这样的疑问："提升业主满意度，提高服务质量，实现精细化管理以及降低运营成本之间的关系究竟是什么？这次改革成功是偶然的吗？"

当然，她也还有这样的遗憾："至于 T 检验数据分析结论提到的，不同经济收入的业主对于众多的物业环节的体验没有差异，这一点我依然不知道该如何解释，更不知道如何应用！"

6.1.7　故事后续

一年后的四月中旬，晓蔓邀请集团公司地产营销和运营顾问刘博士到物业公司办公室座谈。那栋独立小楼位于该小区配套的维也纳森林公园内。小区环境优美而清静，四月的西府海棠静静绽放。不经意间，刘博士注意到小区的停车场就如同一个豪华车的展示中心，一辆辆高档轿车和跑车整齐排列。当然，也不乏奥拓等经济型小车。刘博士突然间深有感慨。

办公室里，刘博士有感而发，很快就有了这一期杂志的"特别关注"主题——海棠。

刘博士在杂志的"卷首语"中这样写道：

"国人爱花实质是爱其品质。莲之美，是因其清雅高洁，出淤泥而不染，洁以超然之美；梅之美，是因其临寒独香的傲气，坚贞与豪迈；而海棠之美，却是如此的普通。没有伟岸的枝干，没有繁茂的叶子，没有诱人的芬芳，甚至没有蜂蝶纷飞的点缀，有的只是些琐碎的小花……

"在满眼繁花盛开的季节里，唯独开于早春的海棠花却早已归于沉寂。有的只是花开花谢后的葱葱绿绿和万花丛中的宁静与淡泊。因此海棠之美是骄傲的美，是大气之美。她一枝独秀，'只把春来报'，她不做作，不吝啬，没有炫耀，没有保留。她将和煦的春光留给了后来的鲜花，为后来的翩翩蜂蝶让出了空间。她，干脆利落！她，宁静从容！"

在与晓蔓的讨论中，刘博士对他的"海棠"主题这样解释道："就在刚才，经过小区那一辆辆兰博基尼，我看到了几辆洗得干干净净的老奥拓。这让我明白了为什么问卷调研中不同收入的群体对各项服务体验细节的评价没有差异。这就是公司的业主特征啊，他们收入各异，但是对于生活的态度和智慧是一致的呀！这就是海棠式的人居生活理念和哲学——像海棠一样智慧地，静静地，从容地生活。以那种'嫣然一笑竹篱间'与'且教桃李闹春风'的姿态面对生活，用宽容之心善待他人，用平常之心面对滚滚红尘，以大爱谦让之心对待自然万物。"

"这也是我们公司品牌形象的特征呀！"晓蔓也笑了，她有感而发，并笑着继续道，"我们开发管理的各个物业项目都不是最豪华的，设施不是最完善的，地段不是最繁华的。但是我们提供的服务、环境氛围和建筑设计却是如海棠般的，也应该是海棠般的——大气从容，宁静淡泊，谦让宽容！这既是我们业主认同我们的地方，也将是我们开发管理理念的一贯特色和设计与管理理念！"

"海棠无香自从容！"刘博士提笔写道，他笑着点头说："这将是这期杂志的主题语。"

6.2 案例使用说明

6.2.1 案例用途与教学目标

本案例主要适用于 MBA 的管理学（中级）、服务运作管理以及服务营销等课程的课堂教学讨论。本案例还可用于管理研究方法等相关课程中关于管理学研究方法等内容的分析与讨论。

本案例适用对象：本案例适用于 MBA、MTA 以及全日制管理类研究生的上述相关课程。

本案例的教学目标：

第一，通过对本案例的公司与行业信息的分析与讨论，学生首先将更好地理解和掌握物业管理行业的现状、问题与发展趋势，了解其业务核心本质；能够掌握顾客满意度的内涵以及测量和获取方式；能够更好地理解和体会精细化管理的内涵，以及精细化管理的核心内容——规范化、细节化、个性化管理三要素间的逻辑与关系。

第二，通过对本案例关于管理决策的制定过程与执行过程内容的阅读与讨论，学生将更好地掌握精细化管理的实施过程和执行细节，同时学生也将掌握服务质量、顾客满意度、购后行为意向、顾客特征识别等管理学、市场营销学和消费者行为学中的关键概念。

第三，通过教师对案例的讲解与数据的分析解读，学生在了解服务感知质量、满意度测量、购后行为意向结构的主流模型和理论以及掌握其应用方法的同时，熟悉问卷设计以及数据分析的具体手段与分析方法。由此，学生最终将获得独立展开流程管理以及精细化管理等方面科学研究的能力和实践应用的能力。

6.2.2 启发思考题

按照案例内容的顺序进行提问：

（1）中国物业行业的发展现状、趋势和主要特征是什么？未来的中国式物业管理将何去何从？

（2）物业管理的核心产品（服务）与核心价值是什么？其产品（服务）结构维度有哪些？

（3）目前森宇物业日常管理的主要问题有哪些？试分析问题间的关系与根源。

（4）请结合 PEST 环境分析和 SWOT 战略分析方法，并以问题为导向，确定森宇物业未来工作方向和工作内容。

（5）顾客是如何感知并评价物业产品/服务质量的？请结合服务质量与体验经济的理论来说明业主是如何具体体验、感知和评价成都市森宇物业有限责任公司（以下简称森宇物业）的服务质量的？

（6）顾客满意度是什么？在物业的产品/服务结构中，其具体的业主满意度评价应该如何去全面获得？

（7）什么是精细化管理？为什么刘博士提示晓蔓业主满意度评价结论的主要问题其实是精细化管理的问题？精细化管理的理念与内容如何体现在森宇物业的管理中？

（8）试评价刘博士提出的在降低人员成本的基础上提高现有服务品质并提升业主满意度，并根据业主满意度的具体内容去获得业主认同的物业特征，进而挖掘得出品牌内涵的核心内容。这样的工作思路所对应的理论原理与机制何在？

（9）顾客识别的原理和依据是什么？具体到本案例，你将如何使用上述原理和分类，以及以什么样的问题选项去指导晓蔓测量和识别森宇物业的业主？

（10）根据案例中提到的工作要求，你将如何具体设计此次调研，为什么？

（11）你如何解读案例中提到的调研数据的结果？怎样根据这些结果解决森宇物业现有问题，并做好精细化管理和品牌内涵提炼工作？（具体参考附录 1 和附录 2 的调研问卷与问卷数据结果）

（12）你怎么解读森宇物业的精细化管理措施？这些措施的根据是什么？根据精细化管理的理念，你还建议有哪些措施可以作为补充？

（13）什么是品牌？建立品牌的目的是什么？什么是品牌形象？如何进行有效的品牌（主题）内涵提炼和品牌定位？

（14）对于案例最后提到的以"海棠"作为公司物业的品牌内涵和形象的解读，你是如何理解的？是否赞同？为什么？请结合案例内容来说明。

6.2.3　分析思路

案例课堂教学前一节课程最后 15 分钟：授课教师首先要求学生对产品/服务质量、PEST 环境分析方法、SWOT 战略分析方法、顾客满意度、精细化管理等概念通过相关教材、相关研究等进行阅读、提炼和解读；要求学生对问卷设计方法与原则进行自主学习；对基本的统计方法的原理与内容进行自主学习。这部分内容可以让学生参考案例说明中的"理论依据与分析"部分相关内容，也可选择性地让学生通过阅读相关教材与文献进行准备。

案例课程教学中，本案例分析的第一阶段：授课教师让学生重点阅读并分析案例中涉及物业行业、森宇物业的相关信息。首先，对于现代物业管理的实质是什么以及服务的特征是什么需要授课教师引导学生进行思考与总结。这期间，授课教师可以根据案例中提到的物业管理的现状与困境让学生对现有的物业行业进行认识。特别需要注意的是：案例中描绘的人物晓蔓与其他职业经理人，因其工作背景、经历和视角的差异，他们各自对物业行业的认识与现有问题的思考应该是比较主观的，而且是单一的。授课教师因此应提示学生，案例人物的评价将不能作为唯一有效信息用于对物业行业和森宇物业的评价。授课教师可以使用"你怎么评价中国的物业管理行业，以及怎么评价森宇物业"等问题来测试学生的态度，并强调中立和客观对于管理者和研究者的重要性。这一步中，可以提出启发思考题1、2和3。

随后，结合启发思考题4，授课教师和学生可以根据案例前半部分的内容去了解森宇物业的内部和外部现状，并结合相关延伸阅读（如网络搜索中国物业行业现状、问题；参考阅读案例的理论依据与分析部分的"中国现代物业管理行业现状"）分析各个问题的产生根源与背景。上述信息可以用作初步SWOT或PEST模型的分析之用（对应启发思考题5）。学生可以由此得出森宇物业未来的战略基本方向（SWOT分析的结论），并由此初步确立其未来经营管理的方向。在这一步中，授课教师还可引导学生根据上述内容去总结提炼现代物业产品/服务质量与业主满意度的构成维度，以及产品体验过程和环节，让学生初步了解如何去评价和测量这一类产品和服务。学生之后将被要求回答启发思考题6和7。

之后，授课教师将指引学生根据对森宇物业顾客投诉问题和上一步对森宇物业面临问题的提炼，导入精细化管理的理论与服务运作管理的理念（提出启发思考题8），对业主争论的问题提出分析，并要求学生逐步提炼森宇物业的业主反映强烈的问题的本质、其日常管理重点，以及讨论如何在降低人工成本的同时获得更好的服务品质，优化并规范各职能岗位。

接下来，授课教师应让学生结合森宇物业此次工作任务的要求（以袁晓蔓的总结为参考），尝试去设计一份关于其业主满意度的调研问卷。学生需要对所设计的问卷进行说明。这一步中，启发思考题9可以对学生选择性地提出。

授课教师安排学生阅读案例说明中的"理论依据与分析"部分，以及附录1和附录2中的问卷结果和设计部分。此阶段，教师可以参考案例附录中的问卷进行引导和讲解，也可通过自己的理解对附录问卷进行评判性的讨论：如对问卷的全面性、客观性提出质疑并让学生思索；提出根据研究问题来设计问卷的思路，并让学生对问卷的每一道小题提出评价和分析，等等。这一步的主要目的是让学生去尝试根据研究问题、关键词和模型的知识去独立设计并评价问卷问题。

随后，授课教师应要求学生通过案例中晓蔓的管理决策和管理优化的过程（作为结果），结合具体的调研数据结论（作为参考因素的辅助材料）对公司的具体决策与管理过程进行解读和补充，并要求说明各项措施的原因。在进行数据解读中，授课教师应该对描述性统计分析、因子正交旋转、T检验以及方差检验的具体指标、目的以及启示进行解说。学生将由此根据这些知识对附录中的具体数据进行识别和解读。此部分中，授课教师可以尝试用 SPSS 软件演示每一种统计方法的使用过程（根据不同课程对不同学生的培养要求，这部分可以省略）。这部分对应了启发思考题 10 和 11。

最后，授课教师可以要求学生对案例中提出的以"海棠"为形象的杂志设计的措施进行分析与评价。教师可以采用开放式提问，并在充分听取学生意见后总结中国物业管理行业的未来与发展趋势。

6.2.4　理论依据与分析

以下部分用于授课教师对案例涉及的核心理论、重要方法与主要关键词进行理解与授课参考。

6.2.4.1　中国现代物业管理行业的现状与问题

中国大陆的物业管理起步比较晚，而且主要是从香港和台湾地区借鉴而来的。我国拥有数以亿计的物业基础，而且随着房地产业的迅速发展，物业的规模将越来越大，整个物业管理的市场需求和发展潜力都是巨大的。

但是随着物业管理行业的飞速发展，其也逐渐暴露出了许多的问题，我国的物业管理行业面临各方面的挑战。

首先是管理与服务的自我定位不明确问题。物业管理的核心是为业主提供优质的物业环境、维持物业配套设施的正常运行，物业企业的首要目标是满足业主的需要。然而有相当一部分的物业管理企业以管理者自居，过分强调管理，使得物业管理的服务特征被淡化了，表现之一就是服务质量不高，一方面是由于主观意识上的错误定位，另外就是过低的收费标准造成了服务质量降低、收费率下降的恶性循环。其次，一些企业经营不规范，经营意识不强，只注重企业的单一管理，而服务意识、经营意识淡薄。这就造成了业主对物业服务的感知质量偏低，业主的满意度普遍偏低。

其次是中国物业行业整体管理水平低下，缺乏专业人才。物业管理作为专业化的管理，需要各类高素质的管理人才。但我国物业管理专业教育起步晚，培养的人才有限，且未建立起完善的行业管理标准和从业人员行为规范，在职专业物业管理人员的培训不足和各种上岗专业培训流于形式、监管不足，更加之人们观念上认为物业管理不需要高素质人员的误区等，使得我国物业管理行业从业人员整体素质偏低，制约了行业的良性发展，影响行业地位的提高。

最后是物业管理立法滞后，理论体系不健全。物业管理在我国是新兴行业，国家与地方各级的法律和法规都欠完善，开发商、业主、物业管理企业之间的权力、义务、责任的界定还不够明确。一方面，物业管理企业缺乏约束，服务层次不到位；另一方面，物业管理单位的法律地位得不到保障，管理难收成效。因此，尽快完善符合我国国情的物业管理法律法规体系，已成为物业管理发展一个很重要的问题。

说明：这部分内容用作案例分析的环境分析与战略分析，同时也是进行精细化管理的限制性条件。

6.2.4.2 业主特征识别与测量

1. 消费者市场细分标准

顾客特征识别相关概念是基于营销学中市场细分的概念演化而来的。它是20世纪50年代中期由美国市场学家温德尔·斯密（Wendell R. Smith）在总结企业按照消费者不同需求组织生产的经验中提出来的一个概念。国内外多数学者关于顾客特征识别以及市场细分的概念研究趋于一致：消费者市场细分标准可以概括为地理因素、人口统计因素、心理因素和行为因素四个方面，每个方面又包括一系列的细分变量（如表6-1所示），而顾客特征识别往往是指其中的人口统计变量部分。

表6-1 消费品市场细分标准及变量一览表

细分标准	细分变量
地理因素	地理位置、城镇大小、地形、地貌、气候、交通状况、人口密集度等
人口统计因素	年龄、性别、职业、收入、民族、宗教、教育、家庭人口、家庭生命周期等
心理因素	生活方式、性格、购买动机、态度等
行为因素	购买时间、购买数量、购买频率、购买习惯（品牌忠诚度），对服务、价格、渠道、广告的敏感程度等

2. 业主市场细分相关研究

国内外关于"业主"的识别标准和内容并无定论。但是由于物业管理是由酒店管理理念发展而来，因此可以参考国内外旅游与不动产管理的相关文献。

国内学者，如程圩等，建议采用消费动机、消费目的与人口因素进行聚类，消费者（游客）细分为4类：探求型、社交型、逃逸型和迷茫型。与之类似的是许峰采用聚类分析，将消费者（游客）细分为表象者、商务者、休闲者、文化者和深度者。

国外学者则普遍以行为学与心理学原理结合人口细分指标，对不动产的消费者进行描述和总结。综合国内外关于酒店以及不动产市场研究中的消费者特征识别文献，可以看出这些识别消费者个人特征的文献通常都采用的是多个系列变量因素组合法，即根据影响其消费过程中的需求和行为表现的多种因素作为识别的标准。其中最为常用的是根据消费者的地理位置、性别、年龄段、收入水平、职业分类、消费频次、消费时间、消费动机和花费等变量因素识别顾客。

6.2.4.3 产品/服务质量的概念

早在1998年国外学者就提出质量有两种形态：客观质量和感知质量。客观质量是指产品在实际技术上的优越性或优秀程度。从这种意义讲，客观质量可用预先设定的理想化标准来证实。由于学术界对什么是理想化标准存在争议，测量客观质量的属性选择和权重一直是研究者和专家关心的焦点。如今学术界普遍认为，所有的质量评估都是一种主观的行为。该观点有力地支持了质量的另一形态：感知质量，即由Olson和Jacoby在1972年提出的"对产品质量的消费者主观'评价判断'"[①]。

---

① OLSON J C, JACOBY. Research of Perceiving Quality [J]. Emerging Concepts in Marketing, 1972 (9): 220−226.

6.2.4.4 顾客感知质量的评价模型与测量方法

1. 有形产品的感知维度

无论是管理者还是研究者，想要为所有产品确定一个普遍适用的质量标准都是很困难的。产品种类不同，它的具体属性或核心内部属性就会不同，顾客用来判断质量的标准也会不同。尽管如此，学者们还是对建立尽可能普遍适用的、高度概括的质量维度进行了努力的探索。如有学者提出产品感知质量维度包括五个方面：产品的性能、特征、可靠性、审美性和产品或品牌形象。

2. 服务产品的感知维度

学术界公认，服务产品的感知质量因素与有形产品并不相同。其主要的划分基础是 SERVQUAL 理论：英国剑桥大学的帕拉舒拉曼（Parasuraman）、赞密姆（Zeithaml）以及贝利（Berry）三位教授研究了电器维修、零售银行、长途电话、保险经纪以及信用卡业务的服务质量的顾客感知质量情况，提出的一种新的服务质量评价体系，其理论核心是"服务质量差距模型"，即服务质量取决于用户所感知的服务水平与用户所期望的服务水平之间的差别程度（因此又被称为"期望−感知"模型）。其模型为：SERVQUAL 分数 = 实际感受分数−期望分数。SERVQUAL 将服务质量分为 5 个层面：可靠性：指可靠地、准确地履行服务承诺的能力；响应性：指帮助顾客并提供进一步服务的意愿；保证性：指员工具有的知识、礼节以及表达出自信和可信的能力；移情性：关心并为顾客提供个性化服务；有形性：包括实际设施、设备以及服务人员的外表等。每一层面又被细分为若干个问题，通过调查问卷的方式，让用户对每个问题的期望值、实际感受值及最低可接受值进行评分。并由其确立相关的 22 个具体因素来说明它。然后通过问卷调查、顾客打分和综合计算得出服务产品感知质量的分数。

3. 物业（不动产）综合产品感知质量的构成

国内外学者普遍认为不动产管理产品一般包括有形部分和无形部分（服务）。有形部分就是一般意义上的商品，这部分在质量的确定上根据具体产品的属性可以测量。不动产管理产品的无形部分也就是服务，主要包括从业人员的表现、服务设施和环境的状况以及服务活动的水平等。

物业服务质量主要反映在服务人员的行为表现、服务的设施条件和服务的管理等方面。对物业服务质量评价的理论体系建立在传统服务质量评价理论的基础之上。其中以 SERVQUAL 模型来测量和比较物业服务和产品的感知质量是目前的主流手段。

4. 物业服务感知质量的测量研究

关于物业服务质量的评价与测量体系，国内外学者并无定论。国内以程鸿群、邱辉凌、邹敏和汪程程为代表的研究最为全面。根据上述方法，四位学者对武汉的住宅物业提出了六个因素的业主感知质量维度对应 23 个具体指标的住宅物业服务质量评价体系。在此体系中，六个业主感知质量构成要素是功能性、经济性、安全性、时间性、舒适性、文明性①，各要素的含义具体如下：

（1）功能性指物业服务所发挥的效能和作用，体现了物业服务最本质的使用价值，包括满足业主各种需求、提供规范服务、及时处理问题等方面；

（2）经济性指业主为物业服务支付费用的合理、透明、增值程度。这里的费用指物业服务全过程中的所有费用，不只是物业公司向业主收取的物业费这一项；

（3）安全性指在物业服务过程中保证业主的生命财产不受到威胁、身体和心理不受到伤害、个人信息得到保密以及小区设施安全可靠的能力；

（4）时间性指物业服务在时间上能满足业主需要的能力，包括及时、准时、省时三个方面；

（5）舒适性指在满足上述四个特性的情况下物业服务提供过程的舒适程度，包括设施的完备、舒适、方便和适用，物业小区环境的整洁、美观和有序；

（6）文明性指业主在接受物业服务过程中精神上的满足程度，主要表现为住宅小区的氛围是否自然、友好、亲切，物业公司员工的着装规范、文明礼貌程度以及整个小区的人际关系和谐与否。

而根据我国著名质量和标准化专家郎志正的观点，服务质量由一些特性组成，表现为区别于其他事物的内在品质，须从顾客需要和社会需要两个方面来考察服务质量的特性因素，也可以将各种需要直接转变成特性。根据郎志正的观点，服务质量特性分为两类：一类是可以通过视觉、听觉、嗅觉、触觉等直接观察感受的，通常需要顾客来评价；另一类则是在服务过程中不能通过感官观察和感受但又直接影响服务效果的，通常与服务组织的固有条件相关。因此，住宅物业服务质量的构成要素应该包含两个部分，即业主感知部分与组织支撑部分。

6.2.4.5　体验的概念和维度

1. 体验的概念

1970 年，美国未来学家托夫勒（Toffler）把体验作为一个经济术语来使用②，这标志着体验开始进入经济学的研究范畴，而市场营销对体验的研究的时间就更晚一些，早期的研究主要集中在情感体验（Havlena & Holbrook，1986；Westbrook & Oliver，1991；Richins，1997）、消费体验（Lofman，1991；Mano & Oliver，1993）、服务体验（Padgett & Allen，1997）等方面③。

2. 体验的构成维度和测量指标

在现有的研究成果中，许多国内外学者从不同的视角对体验的构成维度及其测量指标进行构建，学者们的主要研究结果和观点如下：

---

① 程鸿群，邱辉凌，邹敏，等. 住宅物业服务质量评价 [J]. 珞珈管理评论，2013，2：94-96.
② 托夫勒. 未来的冲击 [M]. 黄明坚，译. 北京：中信出版社，2018：10.
③ 黄燕玲. 基于旅游感知的西南少数民族地区农业旅游发展模式研究 [D]. 南京：南京师范大学，2008：17.

Schmitt 从心理学、社会学、哲学和神经生物学等多学科的理论出发[1]，依据人脑模块说把顾客体验分成感官（sense）体验、情感（feel）体验、思考（think）体验、行动（act）体验和关联（relate）体验五种类型，并把这些不同类型的体验称为战略体验模块（strategic experience modules，SEM）。

除了 Schmitt 对体验维度构成做了研究之外，其他一些学者也做了大量相关的研究，如派恩、吉尔摩根据顾客的参与程度（主动参与、被动参与）和投入方式（吸入方式、沉浸方式）两个变量将体验分成四种类型，娱乐（entertainment）、教育（education）、逃避现实（escape）和审美（estheticism）。

郭肇元提出将体验分为情感、活力、认知有效性、动机、满足感、放松性与创造力七个体验维度。之后的王俊超依据郭肇元的衡量维度进行添加和优化，提出了从情感、活力、满足感、放松、创造性、投入程度、自由感、硬性服务及社交等这些维度衡量消费的体验的研究思路。

说明：这部分关于体验的文献是用于学生了解并参考体验原理对服务过程的总结。其目的在于检验所设计的服务过程评价指标是否完整和合理。关于业主对物业质量的感知评价的文献解决了问卷设计的具体内容框架问题，而这一部分也是对该框架进行过程的验证。如何根据体验理论和原理进行指标体系的再造和优化将考验学生的创新与科研能力。

6.2.4.6　业主满意度的概念与测量模型

业主满意度实质是顾客对于物业服务中各指标的具体满意状态。根据美国学者奥利佛于 2000 年提出的顾客满意感形成过程模型，在消费过程中或消费之后，顾客会根据自己的期望、需要、理想的实绩、公平性以及其他可能的实绩标准，评估产品和服务的实绩。顾客对实绩的评估结果以及顾客对评估结果的归因都会影响顾客的情感，顾客的情感会直接影响顾客的满意程度。由此可以得出满意度的评价首先来自顾客一系列心理活动后对具体评价环节的评估，其次来自对其心理状态的感受，并受到其他因素的影响。

2006 年，普渡大学的两位韩国学者在对香港餐饮企业的满意度研究中，根据奥利佛的上述理论进一步验证了满意度的构成。他们指出了满意度应该是对整体体验过程的评价，同时还是对心理状态的评估（高兴度），最后还应该体现在对该企业产品和品牌的喜爱度以及认同度方面[2]。

说明：现代物业的业主满意度的构成，除业主对物业服务环节的满意度外，还包括业主对物业整体服务的满意度评价及业主对于选择该物业公司所管小区的心理愉悦程度、认同度等等。当然，这并不是说业主满意度评价应该完全依靠上述标准

---

①　SCHMITT B H. Experiential marketing [J]. Marketing Management，1999，15（1）：53-67.

②　NAMKUNG Y，JANG S C. Does food quality really matter in restaurants? Its impact on customer satisfaction and behavioral intentions [J]. Journal of Hospitality & Tourism Research，2007，31（3）：387-409.

和结构。此部分文献的目的在于让授课教师根据这些理论让学生尝试进行多维度的满意度评价设计。

6.2.4.7　精细化管理

精细化管理起源于 20 世纪 50 年代的日本，是建立在常规管理的基础上，并将常规管理引向深入的基本思想和管理模式，是一种以最大限度地减少管理所占用的资源和降低管理成本为主要目标的管理方式。

精细化管理的基础是标准化和规范化管理。它首先强调以标准化管理来获得高效的流程管理。在此基础上，它强调细节化的管理以获得管理结果的精准性，以及在精准性之后的管理措施个性化。它以专业化为前提、系统化为保证、数据化为标准、信息化为手段，把服务者的焦点聚集到满足被服务者的需求上，以获得更高的效率、更多的效益和更强的竞争力[1]。因此，精细化管理以针对管理流程的优化为出发点，并同时强调规范化、精致化（细节化）与个性化的管理理念。其实质是管理者用来调整产品、服务和运营过程的基本思路和执行理念。

精细化管理也是一种追求，并非某种具体标准。它启迪人们要打破常规和经验定律，用创新的思维对工作流程、组织系统等持续不断地改进和优化，将系统内的各环节、各岗位细化为一个个不可再分或不必再分的基本单元，并在保持基本单元有机衔接的基础上，努力做好每个单元的工作，追求精益求精、永无止境。如同"零库存""零等待""零缺陷"等企业管理理论般，都是追求一种理想的境界。

精细化管理还是一种过程，并非某种既定目标。管理层次从低级到高级，方式从粗放到精细，员工意识从不自觉到自觉，行为从不习惯到习惯，由浅入深，循序渐进，是一个长期、复杂、艰巨的过程，不能一蹴而就。其运行过程循环往复，层次水平螺旋上升。

说明：精细化管理是一种理念，并非某种具体管理模式和方法。它倡导凡事应坚持一种认真的态度和科学的精神，坚持以管理标准化，以及将顾客群体间的差异化需求作为导向，提倡管理人员养成用心做事，重视细节化管理，把小事做细，把细事做透的职业习惯和个性化工作管理过程的特征。

6.2.4.8　统计方法

（1）描述性统计分析。描述性统计分析是对样本的基本资料及研究的各变量和问项进行百分比、频数、平均数、方差、标准差等的基本统计分析。

（2）聚类分析。聚类分析（cluster analysis）指将物理或抽象对象的集合分组，成为由类似的对象而组成的多个类的分析过程[2]。聚类就是按照事物的某些属性，把事物聚集成类，使类间的相似性尽可能小，类内相似性尽可能大。聚类分析的目

①　汪中求，吴宏彪，刘兴旺. 精细化管理［M］北京：中国法制出版社，2005：77-78.
②　苏州大学社会学院科协调查研究部编委会. 问卷统计分析与 SPSS 应用［Z］. 17 版. 苏州：苏州大学，2009.

标就是在相似的基础上搜集数据来分类。这个技术方法被用作描述数据，衡量不同数据源间的相似性，以及把数据源分类到不同的簇中。

（3）因子分析。因子分析又叫因素分析，就是通过寻找众多变量的公共因素来简化变量中存在复杂关系的一种统计方法，它将多个变量综合为少数几个"因子"以再现原始变量与"因子"之间的相关关系。即用较少几个因子反映原始数据的大部分信息的统计方法。在多元统计中，经常遇到诸多变量之间存在强相关的问题，它会给分析带来许多困难。通过因子分析，研究者可以找出几个较少的有实际意义的因子，反映出原来数据的基本结构。

（4）方差分析。方差分析可以用来检验多组相关样本之间的均值有无差异。本章主要采用单因素方差分析来检验不同类型旅游景区在游客统计特征及旅游行为特征上的差异性，不同游客统计特征及旅游行为特征在旅游体验上的差异性，不同旅游景区游客在景区体验及满意度上的差异性。

（5）T 检验。T 检验亦称 student T 检验（student's t test），主要用于样本含量较小（例如 $n<30$），总体标准差 σ 未知的正态分布资料。它是用 T 分布理论来推断差异发生的概率，从而判定两个平均数的差异是否显著。p 值为结果可信度指标，p 值是样本有效但拒绝样本能代表总体的概率。p 值越小，样本的代表性越强，$p=0.05$ 表明差异的 5% 是由偶然性因素造成的，这个差异可以忽略。所以当检验值小于或等于 0.05，这个样本是有效的。

说明：该方法部分用于授课教师对方法使用的说明以及问卷分析与解读的参考。

6.2.5　背景信息

关于成都森宇物业有限责任公司的官方资料，授课教师和学生可以直接访问 http://www.senyuproperty.com 获取。对于案例中涉及的成都市区域、项目经营区域及其所在地的基本经济信息，学生可以通过成都市政府网站、四川天府新区成都直管区相关网站获得。

6.2.6　关键要点

6.2.6.1　案例分析的关键

本案例的关键点在于：

（1）让学生对真实管理问题有客观和清晰的分析能力，不受他人观点的误导。

（2）让学生具备快速初步分析企业战略方向和发展趋势的能力，为具体问题的解决夯实基础。

（3）让学生具备独立科学研究管理问题的能力：熟悉科学范式和手段，可以独立开展相关前期理论基础框架建设搭建和后期实地客观研究工作。

（4）让学生可以熟练地理论联系实际，能够由精细化管理的理念，根据对顾客满意度与品牌内涵的基本认识，展开对相关管理决策和管理过程的分析、提炼与制定；能够通过科学客观的手段，对现代服务业的运作管理和品牌内涵提炼工作的基本思路、基本要素以及基本过程进行评价、归纳与设计。这种能力的培养是本案例的设计和讲解的重点。

6.2.6.2 关键知识点的应用说明

根据这些关键点的设定，本案例的关键知识点以及应用目的与要求总结如下：

1. 物业管理行业现状和问题的分析与解读

由之前理论依据与分析部分对物业管理行业的现状的总结可见，中国物业管理行业提供的是物业服务，其核心应该是发现具体业主的需求，并努力尝试满足这些需求。而物业服务质量的好坏直接影响着业主的感知质量和体验质量，而这些质量又影响着业主的满意度。满意度高的业主会积极配合物业管理工作，并且会向亲朋好友推荐物业管理公司，这是公司营造好口碑的重要途径，这些都会直接或间接地给物业管理公司带来利润。因此物业管理公司在经营管理中，根据其业主特征来识别其具体需求，并根据这些需求来努力提高公司的服务质量，进而提升业主的感知质量和满意度是其工作的核心内容和手段。

因此，要研究上述一系列问题，首先需要依次弄清这样一系列关键专业内容：业主特征识别因素具体有哪些？什么是感知质量？什么是物业服务感知质量？什么是满意度？什么是业主满意度？

其次，上述理论和界定内容应该最终进入调研量表的选择项目，并根据调研对象的具体情境展开，成为具体的调研问题。因此，在上述理论上参考和开发其测评体系和维度成为研究本类问题的关键。

最后，要通过客观的企业实践和调研获得上述问题的结论还需要一系列数学统计原理和方法。其应用逻辑在于：因子分析可以降维，可以用于提炼以业主满意度为基础的公司日常管理主要工作重点；T检验可以对比不同业主的认知，得出有关精细化管理中细节化和个性化管理措施的启示；交叉分析可以用来识别不同服务节点之间的相互联系。这些都具体总结提炼在下面内容之中，学生还可以通过下列内容的参考文献进行拓展阅读以深化相关知识点。

2. 产品核心价值的分析依据与思路

顺利地了解所研究的产品核心价值是本案例的前期重点之一。任何个人和团体都不可能对所有产品和服务的细节了如指掌。因此，剥离产品价值：核心价值、有形价值、附加价值、潜在价值，或者物理价值、消费价值以及精神价值是营销者和管理者基本能力之一。此处授课教师可以参考莱维特的产品结构模型以及消费者行为中的购买动机等概念进行引导。

3. 服务运作管理的理念及其应用

服务运作管理的理念也是本案例的前期重要理论基础之一。它是指对服务内容、服务提供系统以及服务运作过程的设计、计划、组织与控制活动。服务运作过程和产品生产过程一样，都是把各种资源要素变换为有形产品的过程，服务运作管理与产品生产管理所要控制的对象也都是产出的时间、质量、成本等因素。但是，服务运作的产出结果是一种无形的、不可触的服务，服务产出的这种特点决定了服务产品本身的设计、服务提供系统的设计、服务提供过程的控制等，都与有形产品不同。

服务的特殊性，使得服务运作管理更加注重从顾客体验的视角去设计服务生产的整个过程，而不是以生产者或管理者的角度去进行服务的生产。可以说，服务管理是基于顾客需求的对各种服务要素的综合管理，它强调流程的系统性和要素的整合性。服务管理贯穿于服务生产过程中的每个阶段。

由此，本案例的前期分析阶段，授课教师应该提示和导入该内容，并引导学生用此理念进行对前期府河音乐花园物业管理问题的分析，以及后期问卷量表的系统设计。

4. 精细化管理的启示及其应用思路

本案例涉及了精细化管理的理念，其目的在于要求学生以科学客观的视角来关注不同业主群体的差异化需求和感知服务质量评价标准来进行细节化的日常管理；要求学生了解精细化管理涉及的标准化、细节化以及个性化的管理内容与要求的具体应用与实践。

5. 统计方法在管理实践中的应用

本部分内容的具体讲解与讨论详细程度，与培养对象的培养目标对应。MBA 学生可以只了解以下概念的基本原理和使用目的；全日制研究型硕士应该详细掌握以下内容的应用与实际操作。授课教师还可以根据具体情况，进一步深化教学内容，配以结构性路径研究与分析的方法（线性回归分析、结构方程模型）进行说明。

对于本案例涉及的数据分析，学生将在描述性统计分析的解读基础上，针对调研问题的相关性进行深入的数据挖掘和探究性总结。此部分的核心理论基础是这样的：顾客感知质量的高低决定顾客满意度的高低，并由此导致顾客购后（体验后）的行为意向；或是顾客感知质量的高低决定顾客满意度的高低，并同时决定顾客购后（体验后）的行为意向。以此理论核心展开的研究，可以定义出如下研究问题：

第一，基于精细化管理的理念，现代物业管理的业主感知质量的决定因素有哪些？

第二，现代物业管理中业主满意度衡量的指标有哪些？

第三，现代业主对于现代物业管理的态度和行为取向可以分为几类？如何识别这些业主？

第四，户型、收入、性别、教育背景、年龄对于业主的物业感知质量是否具有差异性？如果有，表现何在？（用来回答精细化管理的问题）

第五，业主感知质量、业主满意度、产品和服务的品牌内涵和定位，以及业主个人因素等各个相关因素之间的关系是怎样的？

第六，森宇物业未来的工作重点是怎样的，应该如何在这些重点中进一步优化管理内容？（用来回答工作职能与工作流程的优化、满意度提升，以及岗位规范化等问题）

由此，根据上述问卷研究问题的定义，在深入的数据挖掘和建模的分析部分中，学生应首先采用因子正交旋转分析对众多感知质量评价变量进行分析，目的在于浓缩数据指标，寻找关键的衡量指标。由此，通过寻求起决定作用的基本因素，找到未来森宇物业日常管理的工作重点和要素，就可以得到如何进行精细化管理流程再造的启示。

其次，授课教师应该提示学生采用聚类分析，将问卷中业主所反映的质量评价指标、满意度评价以及购后（体验后）意向决策进行整合重组。目的在于萃取提炼有效的业主行为并对其进行分类，由此再进行对业主类别的识别工作，找到对小区满意度影响力最大的重点顾客群。这样就可以获得精细化管理的主要针对需求以及配套的措施。

再次，学生可以采用线性相关分析，力图寻找相关因素的因果依存关系。在本案例中，线性分析的使用旨在寻找每项感知质量因素的关系，并由此得出精细化管理中涉及的细节化管理启示——具体服务改进的措施和配套手段。

最后，学生应该建立 T 检验模型，对不同户型和不同层次（收入、教育背景、职业等等）的业主感知质量评价进行比较，目的在于揭示不同类业主对物业基本质量评价的差异何在，以及如何针对不同类业主采取有效的服务改进和提升措施，最终获得精细化管理的个性化管理措施的启示。

上述四大分析手段是获得本案例精细化管理内容的关键点。不同教学需求的学生可以被要求或能够独立操作分析工具，或只需要对上述方法的原理进行了解以及结果进行解读。

6. 物业服务感知质量的提炼与使用

综合各学者对物业服务质量体系的研究，授课教师和学生可以参考这样的定义：物业管理中的服务感知质量是指业主能认知到的、能辨别且能判断的物业管理公司为了满足小区内业主综合性和多样性需求所提供的各种多元化服务，最终以获取利润为目的的服务手段。其具体指标可分为按照上述各理论进行设计，并可以最终参考这样的标准：指标体系在硬件和软件上的具体表现是什么，以及服务过程中业主对其各个要素或关键环节的评价是否完整等。

6.2.7　课堂计划建议

本案例教学应该开设专门的案例讨论课来进行。授课教师应该将本案例课程安排在专业授课内容基本结束或即将结束之时，利用本案例做课程总结或课程补充。以下是按照时间进度提供的课堂计划建议，仅供参考。

整个案例课程应该由两次课程来完成，每次课堂时间不得少于3小时。学生应该至少有两次课外阅读。整个案例共计需要约6个小时的课堂讨论。

课前计划：

课前一周左右，授课教师（花15分钟左右）首先要求学生对产品/服务质量、SWOT战略分析方法、PEST分析法、顾客满意度、精细化管理、品牌内涵与品牌定位等概念通过教材、相关研究等进行搜集、提炼和解读；对问卷设计方法与原则进行学习；对基本的统计方法的原理与内容进行阅读。这部分内容可以让学生先独立参考案例说明中的"理论依据与分析"部分相关内容，也可选择性地让学生通过阅读相关教材与文献进行准备。

其次，授课教师还应该要求学生提前去相关网站了解成都市物业管理行业的基本情况以及中国物业管理公司的发展现状和问题［明确要求学生通过中国知网（www.cnki.net）和信息搜索网站（如百度等）查阅国内外物业管理行业的相关资料、发展趋势以及主要研究文献］。

最后，授课教师按照案例启发思考问题1~3向学生提前提问，请学生在课前完成对这些问题的思考并完成基本简答。

第一次课中计划：使用案例正文

（1）首先陈述中国物业管理行业的基本特征和发展趋势，介绍服务的基本特征与对应例子，提出案例中的思考题1~3，并要求学生代表重点描述其行业经营管理中的问题与原因。（30分钟）

（2）授课教师讲解精细化管理的理论与内容后，提出思考题4，让学生对府河音乐花园物业的管理问题、现状与未来工作方向进行总结，并提出自己的评价观点，陈述原因。（控制在30分钟左右）

（3）授课教师引入SWOT战略分析方法说明，并当场演示，为系统性的初步分析提供思路。（10分钟）

（4）授课教师让学生使用SWOT战略分析方法对森宇物业的未来战略方向进行分析和总结，提出案例思考题5，并讨论与其战略方向匹配的管理决策（针对晓蔓所面临的问题），并陈述理由。（30分钟左右）

（5）授课教师组织学生讨论启发思考题6~9。授课教师做好记录工作，并点评学生分析结论。授课教师最后需要根据学生对问题6~9的回答，引导学生总结提升业主满意度、提高服务感知质量、实现物业精细化管理和提炼相关品牌内涵与定位等工作的相互关系与形成机制。（60~70分钟）

（6）授课教师介绍管理调研和问卷设计的基本方法和路径，之后要求学生准备下次上课时陈述并解说自己的调研量表的选项、结构和细节（对应案例思考题10~11）。（10~15分钟）

第一次课后计划：

（1）要求学生回去详细阅读案例的"理论依据与分析"部分的相关文献知识点（2、9），提出启发思考题 10~14 作为引导。

（2）要求学生对案例所涉及的关键词以及统计方法原理进行总结和解读。

（3）要求学生完成自己的调研问卷设计。

（4）要求学生阅读案例附录 1 和附录 2 部分，并与自己设计的问卷进行对比。

（5）学生将被要求对案例中与案例附录中的调研数据结论进行分析和解说。授课教师要求学生根据业主满意度、精细化管理的理论和品牌内涵的内容对府河音乐花园物业决策进行评价和解读，并最终形成自己的系统的管理决策。

第二次课中计划：

（1）授课教师明确科学调研的系统性和客观性，明确解读数据的困难性和重要性，简单说明各类统计调研方法的目的性与应用原理，引入本次主题。（20 分钟）

（2）授课教师可以参考附录 2 的量表设计以及"理论依据与分析"部分的专业知识点的说明，对学生的量表设计进行评价和引导：明确调研量表的设计步骤和调研问题与可行性调研方法之间的关系。（30 分钟）

（3）授课教师根据启发思考题 12，要求学生根据统计分析的原理对案例中的调研统计结果以及附录 1 中的数据统计结果进行分析和解读。（30 分钟）

（4）根据启发思考题 13，授课教师重点要求学生评价森宇物业此次管理实践的措施。之后，让学生提出补充性决策与措施的方案，并陈述原因，随后让学生对这些内容进行相互评价。（30~40 分钟）

（5）集中探讨此次案例对于精细化管理和品牌内涵提炼工作实践的启示，组织学生讨论对启发思考题 14 的理解与评价。（40-50 分钟）

第二次课后计划：

要求学生以个人为单位，采用报告形式上交具体的完整版案例解读报告。报告要求对案例中森宇物业的精细化管理实践的启示进行总结与说明，对物业服务的标准化、细节化与个性化内容进行总结，对案例所描述的职能重组进行评价，对森宇物业的决策和措施进行补充，对其品牌内涵以及定位的具体内容与推广措施提出建议。该报告可以作为本课程的期中考核或平时成绩考核来使用。

6.2.8 案例的后续进展

本案例已经在西南财经大学 MBA（含 MTA）的服务管理、企业管理前沿（选修）和营销策划等课程中使用多次。部分内容已经根据学生反馈进行了多次调整和优化。目前学生对此案例教学效果反映良好。本案例适合于整合学生管理理论与研究方法两方面的知识体系，适合学生提升在分析问题、解决问题过程中的实践调研与分析决策的能力。整体来说，该案例的使用方向与深度均可根据学生的先行课程的具体内容进行调整。先行课程应该涵盖统计学、管理研究方法或市场营销调研等相关内容。根据学生反馈，该案例还可结合品牌管理等课程以及 MBA 毕业论文的指导工作来使用。本案例延伸内容涉及品牌形象与定位提炼，已经在测试中。

6.2.9　附录

附录 1

表 6-2　森宇物业业主个人特征统计结果

被调查者背景资料		人数/人	频率/%	被调查者背景资料		人数/人	频率/%
性别	男	63	44.7	教育程度	大学以下	38	27.0
	女	78	55.3		大学(含专科和本科)	88	62.4
年龄	30 岁以下	74	52.5		研究生及以上	8	5.7
	30~45 岁	57	40.4	职业	企业管理人员	31	22.0
	45~60 岁	8	5.7		公务员	9	6.4
	60 岁以上	2	1.4		个体经营者	24	17.0
月收入	2 200 元以下	12	8.5		农民	2	1.4
	2 200~6 000 元	80	56.7		教师	14	9.9
	6 000~10 000 元	30	21.3		学生	9	6.4
	10 000 元以上	14	9.9		企业普通员工	10	7.1
籍贯	成都本地	25	17.7		军人	1	0.7
	四川其他地区	87	61.7		离退休人员	3	2.1
	外省	28	19.9		自由职业者	14	9.9
	港、澳、台地区	0	0		航空工作员工	15	10.6
	其他	0	0		航空管理人员	2	1.4
婚姻状况	已婚	96	68.1		其他	7	5.0
	未婚	44	31.2				

资料来源：由晓蔓团队整理提供。

117

表 6-3　森宇物业业主感知质量统计结果

	问卷问题分解	平均数	众数	标准差	信度	分项排序
硬件方面	客服中心人员	3.74	4	0.763 9		43
	保洁绿化	3.62	4	0.838 0		35
	工程服务	3.63	4	0.812 6		37
	秩序服务	3.58	4	0.945 8		32
	功能规划和布局	3.50	4	0.788 5		28
	绿化维护	3.72	4	0.698 0		42
	环境卫生	3.44	4	0.958 9		22
	噪音控制	3.01	3	1.126 1		9
	园区园林	3.64	4	0.747 4	0.895	38
	健身、娱乐、休闲设备	2.90	3	1.012 6		8
	电梯设备	3.05	3	0.958 6		10
	保洁设备	3.24	3	0.917 3		12
	安全设备	3.48	4	0.928 7		26
	车辆停放、车速控制	3.47	4	0.914 6		24
	人车分流管理和控制	3.67	4	0.849 7		41
	邮件配送服务	3.35	3	0.899 2		17
	公共区域照明服务	3.16	4	1.122 2		11
	发布各类重要信息、通知	3.79	4	0.827 7		44
	其他	2.82	3	1.160 7		7
软件方面	人员进出管理	3.52	4	0.833 3		30
	安全巡逻实施效果	3.60	4	0.783 6		34
	消防工作的评价	3.54	4	0.728 6		31
	电梯安全以及报警系统	3.30	3	0.860 0		14
	周围围墙监控系统	3.50	4	0.747 9		29
	处理投诉事件、解决问题效率	3.26	3	0.842 2		13
	维修技术以及办事效率	3.62	4	0.798 8	0.915	36
	特约服务	3.65	4	0.706 5		39
	关心业主	3.37	3	0.831 6		20
	服务主动性	3.36	3	0.786 3		19
	回应服务需求的及时性	3.35	3	0.820 6		18
	履行物业管理协议	3.45	3	0.771 1		23
	收费合理性	3.42	3	0.732 1		21

资料来源：由晓蔓团队整理提供。

表 6-4　森宇物业业主总体满意度统计结果

问卷问题分解		平均数	众数	标准差	信度
整体服务	设施设备	4.52	5	0.580 4	
	小区安全	4.82	5	0.418 9	
	人员素质	4.59	5	0.574 1	
	专业技术	4.45	5	0.628 2	
	服务项目	4.38	5	0.634 2	
	交流方式	4.39	5	0.624 6	
	服务态度	4.60	5	0.576 6	
	办事效率	4.71	5	0.579 9	
	诚信问题	4.60	5	0.515 5	0.791
	合理收费	4.40	5	0.618 1	
	整体服务态度满意程度	3.66	4	0.799 5	
	喜欢现在所居住小区	3.58	4	0.788 7	
	服务人员使您满意	3.47	5	1.212 9	
	对比满意度	3.48	4	0.833 1	
	向您的亲朋好友推荐	3.33	4	0.934 0	
	继续选择	4.01	5	0.878 2	
	感到身心快乐和自豪	3.34	4	0.893 1	

资料来源：由晓蔓团队整理提供。

表 6-5　森宇物业业主资料统计结果

问卷问题分解		众数	标准差	分项排序
基本信息	性别	2	0.498 9	52
	婚姻状况	1	0.477 2	27
	年龄	1	0.669 4	14
	教育背景	2	0.656 1	10
	职业	1	3.945 3	13
	收入	2	0.881 6	12

资料来源：由晓蔓团队整理提供。

附录 2

1. 调研问卷设计的过程

晓蔓先是查询了关于顾客体验的相关资料，总结整理出了有关物业体验的具体内容。她再以一个业主的视角，将自己会如何体验物业服务质量的具体细节进行整理。随后，她把所有的体验质量细节（环节）进行分类和整合，分别归入了硬件感知质量、软件（配套）感知质量和整体感知质量三类。由此，她在问卷中设计了测试各个环节的相应问题，并以业主满意度作为评价选项。

在设计业主相关个人信息问题时，晓蔓遇到了困难：应该有哪些问题？问题的具体结构，如职业和收入的选项怎样才合理呢？当然这些细节最终还是在刘博士的指导下一一解决了。

按照正规调研的流程，晓蔓将设计出的调研表进行了小范围内的业主和一线员工的试调研和访谈。之后，她根据这些测试的结果修改、优化了调研表的初稿。再随后是为期一整周的在府河音乐花园项目的随机抽样（随机发放问卷 150 份，回收有效问卷 141 份）。

2. 正式的调研表

森宇物业业主满意度调查表

尊敬的业主：

您好！通过这次调研，我们将对您提出的意见进行仔细的分析与提炼，希望能够了解到您对森宇物业最真实的感受和期望。我公司也会根据我们的调研报告结果做出相应的改进，从而进一步提升公司的服务质量。所以，希望您放心、认真地填写此问卷，谢谢您的合作！

森宇物业调研团队

注：请在对应选项处打√，其中选项"一般"可以理解为"不知道，不清楚"。

> 员工管理方面

1. 您对物业服务人员服务态度的评价：

客服中心服务人员

□非常满意 　□满意 　□一般 　□不满意 　□非常不满意

保洁服务人员、绿化维护人员

□非常满意 　□满意 　□一般 　□不满意 　□非常不满意

工程部服务人员

□非常满意 　□满意 　□一般 　□不满意 　□非常不满意

秩序部服务人员（门岗、巡逻人员、车库管理员）

□非常满意 　□满意 　□一般 　□不满意 　□非常不满意

2. 您对小区居住环境的满意程度：

小区功能规划和布局的维护工作

□非常满意 　□满意 　□一般 　□不满意 　□非常不满意

公共区域的绿化维护

□非常满意 　□满意 　□一般 　□不满意 　□非常不满意

环境卫生状况及维护

□非常满意　　□满意　　□一般　　□不满意　　□非常不满意

噪音控制（非规定时间装修、员工工作期间喧哗）

□非常满意　　□满意　　□一般　　□不满意　　□非常不满意

3. 您对小区的基础设施、设备满意程度：

园区公共园林区域

□非常满意　　□满意　　□一般　　□不满意　　□非常不满意

健身娱乐休闲设备、场所

□非常满意　　□满意　　□一般　　□不满意　　□非常不满意

电梯设备（外形、稳定性、容量）

□非常满意　　□满意　　□一般　　□不满意　　□非常不满意

保洁设备（垃圾桶、垃圾袋等）

□非常满意　　□满意　　□一般　　□不满意　　□非常不满意

安全设备（门禁、安检、报警系统、消防等）

□非常满意　　□满意　　□一般　　□不满意　　□非常不满意

4. 您对小区其他服务方面的满意程度：

车辆停放、车速控制

□非常满意　　□满意　　□一般　　□不满意　　□非常不满意

人车分流管理和控制

□非常满意　　□满意　　□一般　　□不满意　　□非常不满意

邮件配送服务

□非常满意　　□满意　　□一般　　□不满意　　□非常不满意

公共区域照明服务

□非常满意　　□满意　　□一般　　□不满意　　□非常不满意

发布各类重要信息、通知（成都市养犬条例、停电提前公告等）及时性

□非常满意　　□满意　　□一般　　□不满意　　□非常不满意

其他

□非常满意　　□满意　　□一般　　□不满意　　□非常不满意

软件配套方面

5. 您对小区人员进出管理方面满意程度：

□非常满意　　□满意　　□一般　　□不满意　　□非常不满意

6. 您对小区内安全巡逻实施效果的满意程度：

□非常满意　　□满意　　□一般　　□不满意　　□非常不满意

7. 您对小区内的消防工作的评价：

□非常满意　　□满意　　□一般　　□不满意　　□非常不满意

8. 您对电梯公寓里面电梯的安全以及报警系统评价：
□非常满意　　□满意　　□一般　　□不满意　　□非常不满意

9. 您对小区周围围墙监控系统的评价：
□非常满意　　□满意　　□一般　　□不满意　　□非常不满意

10. 您对物业公司处理投诉事件、解决问题的能力评价：
□非常满意　　□满意　　□一般　　□不满意　　□非常不满意

11. 您对维修人员技术以及办事效率的评价：
□非常满意　　□满意　　□一般　　□不满意　　□非常不满意

12. 您对物业公司提供特约服务（维修更换锁芯、可视对讲服务等）的满意程度：
□非常满意　　□满意　　□一般　　□不满意　　□非常不满意

13. 物管公司员工对业主非常关心，对此您认为_____
□非常满意　　□满意　　□一般　　□不满意　　□非常不满意

14. 您对物管公司各部门员工服务主动性的满意程度：
□非常满意　　□满意　　□一般　　□不满意　　□非常不满意

15. 您对物管公司处理投诉、回应服务需求的及时性的满意程度：
□非常满意　　□满意　　□一般　　□不满意　　□非常不满意

16. 您对物业公司认真履行物业管理协议、公平对待业主的满意程度：
□非常满意　　□满意　　□一般　　□不满意　　□非常不满意

17. 您对物业公司收取物业管理费合理性的满意程度：
□非常满意　　□满意　　□一般　　□不满意　　□非常不满意

整体服务

18. 您认为对于一流的服务公司，下列因素的重要程度：

设施设备	□非常重要	□重要	□一般	□不重要	□非常不重要
小区安全	□非常重要	□重要	□一般	□不重要	□非常不重要
人员素质	□非常重要	□重要	□一般	□不重要	□非常不重要
专业技术	□非常重要	□重要	□一般	□不重要	□非常不重要
服务项目	□非常重要	□重要	□一般	□不重要	□非常不重要
交流方式	□非常重要	□重要	□一般	□不重要	□非常不重要
社区活动	□非常重要	□重要	□一般	□不重要	□非常不重要
服务态度	□非常重要	□重要	□一般	□不重要	□非常不重要
办事效率	□非常重要	□重要	□一般	□不重要	□非常不重要

诚信问题（如按要求履行物业管理协议）
　　　　　　□非常重要　　□重要　　□一般　　□不重要　　□非常不重要
合理收费　□非常重要　　□重要　　□一般　　□不重要　　□非常不重要

19. 您对小区工作人员整体服务态度的满意程度：

☐非常满意　　☐满意　　☐一般　　☐不满意　　☐非常不满意

20. 您喜欢现在所居住的小区吗？

☐非常满意　　☐满意　　☐一般　　☐不满意　　☐非常不满意

21. 整体来讲，小区中最使您满意的服务人员是：

☐秩序维护人员　　☐工程维护人员　　☐客服部人员　　☐环境、绿化人员

22. 在您的印象中，与其他物业公司相比，您对府河音乐花园物业的评价是：

☐非常满意　　☐满意　　☐一般　　☐不满意　　☐非常不满意

23. 您愿意向您的亲朋好友推荐府河音乐花园物业吗？

☐非常愿意　　☐愿意　　☐一般　　☐不愿意　　☐非常不愿意

24. 如果您要再购房，您会继续选择府河音乐花园物业管理的楼盘吗？

☐会　　　　☐不会　　☐不清楚

25. 住进这个小区后，业主感到身心快乐和自豪，您同意吗？

☐非常同意　　☐同意　　☐一般　　☐不同意　　☐非常不同意

您的个人基本信息

26. 您的性别：

☐男　　　　　　☐女

27. 婚姻状况：

☐已婚　　　　　☐未婚

28. 您的年龄：

☐30 岁以下　　☐30~45 岁　　☐46~60 岁　　☐60 岁以上

29. 请问您的教育背景：

☐大学以下　　☐大学（含专科和本科）　　☐硕士以上（含硕士）

30. 请问您的职业：

☐企业管理人员　　☐公务员　　☐个体经营者　　☐农民

☐教师　　☐学生　　☐企业普通员工　　☐军人

☐离退休人员　　☐自由职业者　　☐航空工作员工

☐航空管理人员　　☐其他＿＿＿＿＿＿＿＿＿＿＿

31. 请问您的月总收入：

☐2 200 元以下　　☐2 200~6 000 元　　☐6 001~10 000 元

☐10 000 元以上

32. 请问您（老家）来自何处？

☐成都本地　　☐四川其他地区　　☐外省　　☐香港、澳门或台湾地区

☐其他＿＿＿＿＿＿＿＿＿＿＿＿＿

再次感谢您抽出宝贵的时间填写我们的问卷，祝您天天开心！

123

第7章
画龙点睛：成都麓湖水城
创建国家 4A 级旅游景区的营销策划[①]

7.1　案例正文

画龙点睛：成都麓湖水城创建国家 4A 级旅游景区的营销策划

7.1.1　麓湖水城创建国家 4A 级旅游景区的评审会

1. 一切的起点

"现在请企业代表对创建工作情况进行汇报。"2018 年 9 月 25 日周二下午 2 点整，在四川省旅游局 A 级景区评审小组对麓湖水城景区各硬件与规章制度进行一一检查之后，评审组组长按照国家 A 级景区评审流程对下一步进行工作部署。

刘总抬起头，暗暗思索，这是麓湖水城评定国家 4A 级旅游景区最关键的一个环节，专家小组的印象和意见将直接影响评定结果。他双手撑着会议桌慢慢站起身，直接迈步走向了会议室前方的液晶大屏，转身面朝今天的参会人员。他微微点头，向评审组专家和麓湖水城所在辖区——四川天府新区管理委员会各相关部门负责人致意，开始说道："各位专家、领导下午好！请允许我在介绍麓湖水城创建国家 4A 级旅游景区工作情况前先分享一个简短的小故事。"

① 1. 本案例由西南财经大学工商管理学院副教授、四川天府新区管理委员会文旅处处长艾进博士后、西南财经大学工商管理学院副教授吕兴洋博士与成都麓湖水城副总经理刘林共同撰写，作者拥有著作权中的署名权、修改权和改编权。

2. 本案例得到四川省教育厅"西部旅游发展研究中心"、2020 年西南财经大学教师教学发展项目（2019jsfz001 与 2020jsfz001）以及"西南财经大学 2020 年度中央高校教育教学改革专项""专业学位教学案例建设"项目（2020YJG021）的共同资助。

3. 本案例授权中欧商学院、中国工商管理国际案例库使用，并享有复制权、修改权、参赛权、发表权、发行权、信息网络传播权、改编权、汇编权和翻译权。

4. 本案例得到了麓湖水城管理方——成都万华新城发展股份有限公司的授权和认可，案例中的数据和有关名称皆为真实有效的。

5. 本案例只供课堂讨论与案例比赛之用，并无意暗示或说明某种管理行为是否有效。

他眼睛环顾四周，在得到大家目光的肯定后，继续讲道："2010 年我和公司负责开发建设的邓总第一次从成都市中心的天府广场出发，沿城市中轴线——人民南路向南而行，眼看着城市风貌渐渐从密集的高楼变为开阔的绿地，单调乏味的都市格局也随之消失，不断映入我眼帘的是起伏的紫红色的紫砂岩山丘及苍翠的植被。我当时不禁有点失落，想到在不久之后，这些景色都将随着一座新型的现代城市的建立而渐渐消失：清澈的水塘、蜿蜒的小溪、茂密的竹林、玲珑的山丘，将被混凝土、玻璃、钢筋、塑料取代。我不由发出叹息和疑问，难道城市与乡村，文明与自然天生就是对立的吗？有没有一种途径能够获得都市发展与自然生态的和谐共生，并且相互促进？"

他顿了顿，继续回忆："虽然我们成都万华新城发展股份有限公司试图保留当地原始自然风貌的所有努力并未竟全功，但在这里，在麓湖水城，我们第一次尝试打破以往四川开发商开发建设必定平地的惯例，保留了几乎所有丘陵山体，在建筑中留下了这片土地的特征，让我们的子孙后代缅怀被城市化吞噬之前的原真地貌与文化。"

他指着液晶屏上的一幅幅麓湖建筑外观的图片，继续说道："比如，咱们现在所处的会议室就在麓湖引以为豪的艺展中心内。这里几乎每天都举办着世界知名品牌的产品发布会和产品展会、世界级的艺术展览、各国话剧歌剧、戏曲综艺演出、音乐会、走秀演出、演唱会和主题聚会。艺展中心建筑群落是国际知名建筑设计师安托内·普雷多克的经典之作。他的众多作品一经落成，随即成为当地新的地标建筑，而麓湖艺展中心即是其中之一。他在设计之初并非仅仅考察了麓湖艺展中心项目的现场，而是同时对周边的居民、文化、传统习俗等做了长时间的大量调研。海量的信息被吸收、被筛选，最终，他为艺展中心提炼出这些设计元素：起伏的山丘、紫红色的砂岩、微澜的湖水以及耸立的羌寨碉楼。这些元素化为一颗种子，藏于其心，埋于麓湖，渐渐生长成为成都天府新区打造公园城市的开局之作。"

刘总继续介绍："单就艺展中心建筑群落的材质就显示出安托内的匠心独特。建筑的主体由构成本地山体的红砂岩捣碎并重组，由雕刻师一锤锤雕琢出不同的空间，并以青铜锻造出最高建筑的外墙，使其自然风化成墨绿色，竖立在整个建筑群落中心，将自然地貌与现代建筑进行融合，把过去、现在和未来进行串联。"

刘总最后总结道："各位，今天你们看到的麓湖水城，每一处景观，每一处建筑，每一处水流，它们都是艺术品。我们是以艺术家艺术创作的理念，不惜成本，一寸一寸地建造了今天的麓湖！我们的每一处建筑和桥梁都来自不同的世界知名设计师的手笔。我们以水下植物、鱼虾蟹全面立体的生态系统过滤净化引入的普通河水，使之甚至可以达到饮用水的标准。可以毫不夸张地说，麓湖的每一处流水源自我们对大自然的尊崇和对成都这座被水千年滋润着的古城的敬意！"

2. 麓湖水城的三大核心组团

"关于麓湖水城的核心文旅资源，"刘总顿了顿继续说道，"今天的麓湖水城是以现代建筑艺术、人工湖泊生态景观两大资源为核心，以 40 万平方米的水面和 26 万平方米的绿地为纽带串联起景区的麓客岛、艺展中心、云朵乐园三大部分。"

他指着液晶屏上跳转后的图片继续说道："麓客岛占地约 10 万平方米，山水相接，三面环水，目前是要预约门票的，可以在游客中心预约陆路和水路等一些活动。门票是免费的。2018 年起，我们陆续开辟了滑噜噜四季滑雪场、达根斯国际马术俱乐部、动物农场、寻麓君花园、冒险岛攀爬滑索乐园、麓小浪皮划艇俱乐部、带你玩冲浪滑水俱乐部、青青麓营地、CPI 精品民宿、叽喳森林子餐厅、尚作 ONE-DAY 农场餐厅等多项特色旅游项目。麓客岛上，除了各种休闲体验项目，每周我们还会引进和策划一些户外艺术展览和主题活动，为游客提供丰富、独特的游览体验。还有，麓客岛上面的植物都不是很常见的花草，我们引进并优化了世界各国特色花卉，配合每天的主题花艺课程，让都市人能亲身体验另一种城市花草生活。"

"我们在设计云朵乐园之初，是想打造一座送给每个家庭的'自然博物馆'。"刘总指着液晶屏上的一幅图继续说着，"今天的云朵乐园是一座两面临水，一面靠山的独特区域，分为台地剧场区、湿地花溪区、鹿角游戏区和跳跳云草坪区四个部分，整个公园以'一滴水的故事'为主题，从液态水的互动设施，到固态冰凌形态的镜面桥，再到气态云朵形状的大型蹦床和椭圆形滑梯，水以不同形式在场地内呈现，给予孩子寓教于乐的游戏体验。"

说完上述内容，刘总看向参加评审会的每位专家和辖区各相关部门负责人，补充道："今天，8 300 余亩①的麓湖水城是成都百里中轴（天府大道）进入天府新区之后的以'公园城市'定位配套的开篇之作，我们的景观和湖面用地全部使用的是住宅建设用地，每亩成本不低于 2 000 万元。我们有决心、有信心，也有能力把麓湖做得更好，达到并最终超过国家 4A 级旅游景区标准，让它成为成都的未来之城、游客打卡的网红胜地！"他顿了顿说："请各位评审专家和领导提出宝贵的意见！"

台下众人的目光中，有惊叹，有赞许，有认同，也还有质疑。

3. 评审会专家与主管部门的意见

"现在请评审专家与辖区职能部门负责人对麓湖水城 4A 级旅游景区的创建工作进行提问和点评！"评审小组组长双眼看向各参会人员，按程序继续主持评审会。

专家 A 说道："根据今天我们翻阅和审查的资料，2006 年麓湖项目是以总部经济及创意产业发展区进行的立项，定位于高端居住及文化休闲配套为一体的新型城市功能区。"他抬头看了看麓湖的参会负责人，继续说道："也就是说，麓湖项目其本质就是房地产项目。请问你们做国家级景区的目的是什么？"

专家 A 又补充道："我担心的是景区未来与住宅区产生矛盾，如噪音扰民、交通拥堵、公共资源分配不公等导致景区发展受阻，以及社区业主抵制，旅游投诉增多……"

---

① 1 亩≈666.67平方米。

专家 C 说道："从今天现场考察和资料审查的结果来看，麓湖水城创建国家 4A 级旅游景区的硬件应该已经达到并超过相关标准。值得赞扬的是景区定制打造了匠心独特的各类游乐设施设备，建设了人性化的旅游厕所与第三卫生间，安装了详细又具有景区风格的各类标识标牌，以及创建了人车分流、实时监控的智能生态景观停车场。但是，面对景区众多的业态和不同主题的景观与活动，请问麓湖的管理层，你们是如何计划进行景观、业态与主题的整合打包的？景区的统一定位是什么？你们又是如何计划进行统一的营销宣传工作？如果这一切都不清晰，请麓湖的管理者尽快给出一个完善的方案！"

专家 C 提问结束后，会场气氛开始热烈了，不少参会人员都低声讨论着专家 C 的提问。

专家 B 接着说道："刚才专家 C 对麓湖景区经营的可行性和可持续性进行了提问。我接下来的问题将更为具体。"专家 B 拿起自己的笔记本，看着记录的信息，继续讲道："根据我今天的现场调研，试营业半年来，麓湖水城景区每月客流总量在 1 万~2 万人，而有资料反映工作日加周末日均客流不到 300 人，节假日客流总量却达到 3 万~4 万人，换算成日均客流为 3 500~5 000 人。我算得对不对？"

专家 B 看向刘总及其他参会的管理人员，未等及他们回答，他继续说道："我的结论是节假日景区呈现客流饱和状态，而平日客流偏低，淡旺特征明显。因此，麓湖节假日排队等待现象应该十分普遍，游客体验感应该比较差；平时游客数量少，但固定成本开支却未减少，景区经营将处于一种不可持续状态。请问麓湖负责人，你们有对策吗？有系统的方案解决这个问题吗？"

"有情怀是可贵的，但是情怀需要有足够的顾客买单，这在现实中却很困难。"专家 B 点评道，"使用建设用地做景区景观用地，这是全国极其少见的案例。这样的土地成本是任何传统景区都将无法承受的。我们见过太多评上 A 级的景区因为经营不善而导致品质下降，最终被国家旅游局摘牌。这对于地方政府和项目开发商都是不可承受之痛！"

"的确！"坐在评审席上的天府新区文化旅游部门负责人深表赞同，他接过话头点评道，"2018 年年初，习总书记来新区视察时第一次提出了天府新区建设公园城市的思路。麓湖水城作为新区建设公园城市的开篇之作得到了新区管委会在公共资源以及用地与规划上极大的支持。我们不建议已经试营业半年的麓湖在定位不清晰、产业未进行有效融合，以及营销方案不细化的情况下正式对外营业。我们更希望麓湖在成都激烈竞争的文旅市场中获得自己有效而精准的顾客，从供给侧进行业态的重新优化和整合，并设计出自己的项目与营销工作画龙点睛的引爆之笔，在成都丰富多样的文旅点位中一炮而红。"

之后的发言无一例外均质疑了麓湖的定位策略、产品策略、促销策略、渠道策略等具体内容。

127

4. 评审会决议

在汇总各评审专家的意见后，评审组组长最后总结道："4A级景区已经是国家级高级别旅游景区了，2018年成都市仅仅会有1个项目立项。国家A级旅游景区的创建是一个系统工程，国家文旅局出台的创建指南仅仅是一个标准底线，而这个标准中对于景区的游客流量有每年不少于20万人的具体规定；对景区营销在评定细则二和评定细则三中有'定位准确'和'游客综合满意度不低于80分'的具体要求，对景区'知名度''美誉度''市场辐射力'以及'主题强化度'有一系列具体细化的标准指标。"他停了停，转向评审小组的各位专家说道："同志们，我想说的是，既然国家文旅部、四川省旅游发展委员会和文化旅游厅信任并委托我们进行专业指导和评审，我们就有责任对评审项目的现在和未来负责。A级景区项目评审如今也是终身负责制。"

他最后宣布："麓湖水城的同志，你们有两个月的整改和调整期，两个月以后，对于今天专家和区域行政管理负责人的意见与疑问，希望你能一一完善地给出答案和解决方案。我赞同今天各位专家和辖区部门负责同志陈述的意见，我们更关心的是麓湖水城如果在成功获得了4A授牌之后的运营思路，期盼着你们画龙点睛的'引爆点'呈现！"

7.1.2 公司紧急会议

1. 各持己见

当天晚上，麓湖水城管理团队召开了一次所有中高层都必须参加的紧急会议。会议针对评审专家组的意见和要求进行讨论。然而会上的讨论并不顺利。

景区负责活动策划的刘经理首先提出自己的见解。根据自己在景区各类活动策划的一手经验，他认为麓湖水城景区应该定位于时尚商务之城，因为景区的建筑与景观是时尚现代的，景区的各类文旅相关业态也是充满时尚气息的。因此景区应该提供并推广一种未来国际大都市的时尚工作与生活方式，吸引时尚高端的成功人士与商务人士，并整合现有业务，瞄准他们的消费需求。对此，刘经理总结道："时尚生活、商务活动是我们目前被认可的市场形象要素。商务活动也具有溢价高、规模大的特点。请大家不要忘记了，西南地区最大的会展会议中心——中国西部国际博览城，就在我们旁边不到两千米，我们更应该依托的是这个会展经济圈。至于'引爆点'，在2019年3月的春季糖酒会之时，设计一个宜商宜居的麓湖创意类会展将是一个好噱头！"

负责景区和住宅区服务质量管理的方经理表示部分赞同刘经理的见解，他补充说道："我们打造的高端住宅在整个国内都是行业标杆。我们的别墅项目都在一个个独立的小岛上面，业主是乘游艇进出；我们黑珍珠系列别墅每套目前市价为7 800万~14 000万元，而麒麟荟等电梯公寓每套也没有小于240平方米以及物管费在7.5元每平方米以下的户型。"他随后说道："也就是说，我们拥有的业主是高端的，有极强经济实力的一群人。他们是我们景区的最优客户群！而纵观我们景区的业态与设施，完全可以也应该成为我们住宅项目的配套。定位于豪华顶级的商务休闲之地，不仅适合这里的业主，对高端的潜在住宅购买者也同样具备吸引力！"

然而麓湖水城景区负责景区运营的邓经理立即表示了反对。身为旅游景区管理的专业人士，他接着解释道："国家级旅游景区的实质是提供一种公共资源。不错，麓湖水城是我们投资打造的，但是理论上也是属于每一个中国公民的。而事实上，我们位于城市之中，是一座以人工生态资源为基底，聚合滨水休闲、文化艺术体验、生态居住及商业配套为一体的新型城市微度假景区。这里应该雅俗共赏，消费包容，定位应该与成都这座被水滋润的城市一样，具有包容一切的特征，面对每一位休闲度假的顾客，提供一种城市微度假、水上慢生活的生活方式。"

邓经理继续说道："这样包容和谐的定位也终将让我们的房地产项目成为公园城市中独一无二的明星，成为未来城市居住形态的标杆。我想这也应该是我们集团负责人不惜成本将麓湖水城打造为 4A 景区的初心！"说完，他补充道："当然，这样也解决了有效游客流量的问题，让景区可以独立可持续自我造血，还保证了景区的公共性和公益性！至于'引爆点'，春季百花盛开的时候，一场发现麓湖之美、强调慢生活的摄影大赛或抖音网红打卡活动就能有效果。"

公司公关部的马经理明确表达了自己的反对意见。他认为邓经理的发言听起来很美，但是商业价值与企业发展目标等问题却被忽略了。他说道："这些年，我们不遗余力地打造了麓湖高端豪华住宅的形象，也得到市场广泛的认可。而片面强调景区的公益性，忽略我们小众的住宅目标市场的需求，是不科学也是不合理的。我们的景区不仅仅应该面向现有业主，还应该成为高端休闲娱乐的场所，成为顶级定制型消费的场所，毕竟我们是地产开发企业，未来规划的近 533 万平方米的高端住宅项目的销售才是我们集团所关心的核心价值。"他毫不避讳地说道："至于游客总量，这根本不重要。景区收入与房地产收入比起来是微不足道的。我们的可持续性在于不动产的升值。大众游客的到来导致的景区与住宅区的矛盾将是得不偿失的。"

2. 加急会议决议

听到这里，刘总微微皱了下眉头。他认为这样各执一词的争执是没有意义的。他抬头看了看市场部策划办的刁主管说道："没有调查就没有发言权！刁主管，你们团队明天就启动市场调研的分析工作，两周后再拿出一个策划方案的初稿出来讨论！"

听到被点了名，刁主管点了点头。她开始整理思绪，罗列问题，根据营销策划的原理与步骤，在笔记本上依次写道：策划目的、调研目的、调研内容、调研方式、市场机会与问题、营销策略、行动方案以及费用预算……每个词组后面她都打上了一个大大的问号。

129

7.1.3 刁主管的市场调研结果

1. 麓湖水城的现有游客群体

两周后的艺展中心会议室，刁主管先进行发言。她说道："首先从我们访问的业主意见来看，目前游客并未对多数业主生活造成困扰，许多业主也经常周末带孩子前往水城游玩。"

接着，她详细地开始介绍："我们团队对麓湖水城的消费者进行了为期两周的调研与访谈，其间包括了工作日和周末，以及国庆假日。"她顿了顿，对着笔记本上的信息开始念道："目前麓湖水城的游客以女性为主，占到83.82%左右；学历为大学本科及以上的占到85%；职业中在职人员占到38%，自由职业者占到21%，学生占到23%，而离退休人员占到16%；而我们的游客构成年龄分别是18~40岁的约36%，41~50岁的占到41%，51~60岁的约18%。"

"根据我们随机偶遇的调研，目前来水城的游客并不像我们预计的那样都是高收入人群，月入10 000元以上的仅占5.15%；而游客的平均单日花费也仅仅在100元左右。（见附录1）

"另外，我们发现，游客获知我们景区的渠道主要是依靠口碑和亲友推荐。这有可能反映了来过的游客对我们的认同，也有可能是我们目前的宣传渠道和手段并不成功。（见附录2）

"我们同时在网络上进行了调研，询问本地消费者对麓湖水城的了解程度，结果很让人失望，约有83.82%的本地网友不知道麓湖水城以及我们提供的服务。

"而在'出游方式'的调研中，我们发现'亲友聚会'占比最大，同时现有游客对出游目的的选择也印证了这一点。（见附录3和附录4）

"另外，在具体的水城景点满意度上，现有游客的评价排名是麓客岛第一，艺展中心第二，云朵乐园第三。据我们分析，这也和游客出游目的是一致的。但是亲子游客对亲子场所——云朵乐园好像并不是那么认同。这一点我们还没有弄清楚原因。"（见附录5）

2. 麓湖水城的现有游客评价

刁主管说道："我们搜集了近几个月大众点评上对我们的负面评价。这些评价主要反映的是景区的各项收费较贵、大型宴席接待能力不足、景区蚊子太多、很多项目需要微信预约不方便、公众号信息更新不够及时、A4美术馆不够贴合大众以及吃饭场所选择少等。"

听到这里，刘总打断了刁主管，说道："目前我们还处于试营业期间，全方位的市场推广还没有开始，现在的游客并不能代表我们未来的核心主流消费者！"

"是的，"刁主管停了停，回应道，"但是，我们认为，现有游客虽不能代表未来，但却是我们景区现状的反映。2017年度，成都市全市接待游客2.43亿人次，同比增长 15.77%，实现旅游总收入 3 712.59 亿元，游客平均消费为 1 528 元/人次；2018 年"十一"期间，我们所处的天府新区成都直管区共接待游客 41.3 万人次，实现旅游总收入 4.59 亿元，平均每人消费 1 111.38 元。而我们的游客人均每日消费却在 100 元左右！"

她再看向刘总和各部门的负责人，继续说道："根据评审会专家提出的问题，我们初步拟出了一个策划方案供领导们参考和选择。"

7.1.4　麓湖水城的未来市场策划

1. 刁主管的策划方案初稿

在刁主管提供的策划方案初稿中，麓湖水城将锁定三个细分市场，并分别有针对性地提供打包产品和服务。这三个市场是以家庭为单位的亲子游市场、团建类和产品发布类的公司商务市场，以及周末及节假日希望远离城市喧嚣，回归自然的高端休闲娱乐市场。

对于家庭亲子游市场，麓湖水城将整合麓客岛和云朵乐园的活动与设施，提供给家庭各成员，特别是 15 岁以下的小孩一种亲近自然的户外游乐选择。对于公司产品发布、会展和集体游商务市场，麓湖水城将作为一种相对于传统室内活动和单一商务功能的"另类"选择，给公司提供一种自然生态风格的商务体验，同时营造一种放松、休闲的氛围。而对于希望周末回归自然的高端人群市场，麓湖水城将是一座在城市中，没有喧嚣，集高档次文艺活动、高品质餐饮和休闲为一体，以湖泊树林为特色的优雅独特的休闲休憩城。

景区将所有的营销宣传和品牌形象整合为"4A 生活方式"，即敢冒险（adventure）、常陪伴（accompany）、享艺术（art）、水生态（aquatic）的"城市微度假，4A 水生活"。为了承接这样的品牌形象，麓湖水城将对现有产品进行升级改造。

同时景区设计了与改造后产品配套的营销和促销活动，将在 2019 年分为三个阶段针对不同的目标市场进行。

根据方案，麓湖水城的第一阶段营销活动策划主要围绕麓湖水城的对外知名度开展，针对年轻时尚人群，开发了"麓湖·成都岛"旅游城市游客打卡活动、"麓湖·出潮流"成都网红地网红人联合打卡活动、"麓湖·一瞬间"征集生活最美好的瞬间的微博和微信互动活动、"麓湖·绘写意"意向的生活方式插画评选活动、"麓湖·新国度"游戏联动场景联动活动、"麓湖·心国度"与综艺"向往的生活"节目联动活动，以及"麓湖·新天堂"短视频创作和推广活动。根据计划，随着这些活动的执行，整个麓湖将形成热点话题。

第二阶段营销活动将在暑期开展，麓湖水城针对亲子市场，全面升级云朵乐园的活动类产品：以"小小英雄梦"为主题，开展"小英雄"短视频故事推广活动；以"爱心小战士"为主题，开展为贫困儿童献爱心活动；以"英雄面对面"为主题，举办假面舞会活动；以"大吉大利，今晚吃鸡"为主题，开展 CS 真人对抗活动。

第三阶段营销活动则与第二阶段营销活动同步开启，对应产品改造的第四阶段和第五阶段，针对高端商务人群以及房地产的潜在客户，强调其在工作之外的第二身份，以健康、动感、时尚且高雅的生活方式来开展。

"此次策划方案的实施周期为 1 年，计划仅营销总费用大概为 209 万元（见附录 7~8），采用线上线下同步进行！"刁主管最后汇报道。

2. 画龙须点睛

会议室里安静极了。每个参会人员都紧皱眉头思索着。目前麓湖水城可能只存在少量住宅业主与游客的矛盾，这该不该引起重视？云朵乐园的游客满意度为什么最低？另外，这个方案把前一次争论中的定位分歧进行了一次"大融合"、全覆盖，但是，这是否真的可行？是否评审会的问题都有效地解决了？是否体现出麓湖水城的独一无二？如果没有，那么该如何进行方案的调整？209 万元的营销预算听起来并不多，但是合理吗？足够吗？

刘总陷入了沉思。这看似方方面面都有所兼顾的方案和丰富的活动计划，似乎并没有找到一个真正行之有效的引爆点来"点燃"和整合整个麓湖的产品，缺少画龙点睛之笔，即在适合时间、适合地点、适合环境趋势下可以产生高关注度和影响力的活动或系列活动、事件或人物故事。再想到一个半月后将面对的国家 4A 级旅游景区（以下简称 4A）评审专家与新区相关部门负责人的整改措施报告，刘总的眉头皱得更紧了。

7.1.5 附录

附录 1：麓湖水城游客的收入结构

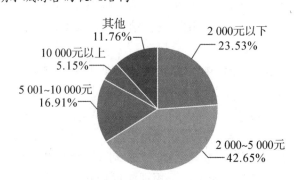

图 7-1 麓湖水城游客的收入结构统计结果

资料来源：由麓湖水城营销策划办公室提供。

附录 2：麓湖水城游客的获知渠道（可多选）

表 7-1 麓湖水城游客的获知渠道统计结果

选项	比例
亲朋好友推荐	81.82%
电视媒体广告	13.64%
微博大 V 推荐	0%
微信推送	9.09%
小红书推荐	4.55%
抖音	9.09%
官网	13.64%
旅行社	18.18%
其他	18.18%

资料来源：由麓湖水城营销策划办公室提供。

附录 3：麓湖水城游客的出游方式（可多选）

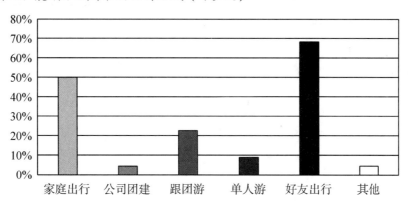

图 7-2 麓湖水城游客的出游方式统计结果

资料来源：由麓湖水城营销策划办公室提供。

附录 4：麓湖水城游客的出游目的与动机（可多选）

表 7-2 麓湖水城游客的出游目的与动机统计结果

选项	比例
休闲放松	95.45%
亲子旅游	22.73%
打卡拍照	13.64%

表7-2（续）

选项	比例
聚会聚餐	13.64%
参加论坛	0%
其他	4.55%

资料来源：由麓湖水城营销策划办公室提供。

附录5：现有游客对麓湖水城不同景点的满意度占比（可多选）

表7-3　现有游客对麓湖水城不同景点的满意度占比统计结果

选项	比例
艺展中心	27.27%
云朵乐园	22.73%
麓客岛	40.91%
都不满意	4.55%
都满意	31.82%

资料来源：由麓湖水城营销策划办公室提供。

附录6：现有游客对麓湖水城不同景点的评价截图

zheng3fat Lv2
★☆☆☆☆
开车去 没有明显的指示 容易走错路口

2019-02-24 14:20　成都市麓湖艺展中心　　　　　　　　　　赞　回应　收藏　投诉

lizhu123 Lv7
★★☆☆☆
觉得很不值。进入艺术馆需要买门票，现场人工买是60一张，旁边扫微信购买是40，便宜20依旧觉得不值，因为里面就一楼二楼两个展，但是展出内容根本比不上软件园C区免费的成都当代美术馆里面展出的内容。
星期二可以免费入馆，但是觉得不值得专门跑一趟。如果是去麓湖麓客岛，钱又比较多的，倒是可以去看这个展，否则真的不值。

2018-07-15 07:25　成都市麓湖艺展中心　　　　　　　　　　赞 (2)　回应　收藏　投诉

图 7-3　游客负面评价（一）

资料来源：由麓湖水城营销策划办公室提供。

daidai013 `Lv3`
★★☆☆☆

住在这还行。周末来就超级坑。里面的很多小项目收费奇贵。而且设置规则很不合理。就想让你办年卡。你说天远地远的不住在这里办个年卡是个什么鬼？

2018-10-05 13:23　成都市麓湖艺展中心　签到点评　　　　　　　　　赞 (1)　回应　收藏　投诉

图 7-4　游客负面评价（二）

资料来源：由麓湖水城营销策划办公室提供。

葵花小株 `Lv5` `VIP`
★★★☆☆ 卫生：很好 趣味：好 服务：很好

麓湖水城景区三大景点之一，免费，但需要提前在公众号上预约。公众号上没写清楚，建议大家一定要一次性把三个景点一起预约了，不然的话会出现无法从水路返回的情况。当然，应该可以从陆路返回，要是你不嫌麻烦的话。我们乘船离开去鹭客岛的时候，就遇到一家人，因为只预约了云朵乐园，无法乘船离开，而当天马上预约又没有票的尴尬情况。而且这个乐园并不大，只玩这里差不多一个小时就够了

收起评论 ∧

2019-02-17 14:14　云朵乐园　　　　　　　　　　　　　　赞 (3)　回应 (3)　收藏　投诉

图 7-5　游客负面评价（三）

资料来源：由麓湖水城营销策划办公室提供。

daisy0813 `Lv7` `VIP`
★★★★☆ 卫生：很好 趣味：很好 服务：非常好

第一次去，之前听大家说还不错，因为是免费的，所以就要提前预约才行。我们是星期天去的，周三预约的水路过去，小朋友去了还是很嗨。适合小朋友爬上爬下，消耗体力😄我们上午去了，中午点也就出来了。因为里面没什么吃的，想要玩久点就必须自己带吃的，我看去的人基本都带了吃的。

收起评论 ∧

2018-10-29 10:28　云朵乐园　　　　　　　　　　　　　　赞 (6)　回应 (5)　收藏　投诉

图 7-6　游客负面评价（四）

资料来源：由麓湖水城营销策划办公室提供。

附录7：

表 7-4　刁主管团队的麓湖 4A 产品改造方案

开发时序	产品	原因
第一阶段	交通设计改进 配套设施改进 线上产品改进 超额满意 跨界联动	完善基础设施，解决产品调研中发现的问题，改善客户体验
第二阶段	敢冒险·冒险湾改进 常陪伴·动物农场改进 享艺术·寻麓君的花园改进	完善基础设施后，将园区内现有项目与4A联合在一起，针对品牌与市场定位进行改进，正式提出"4A生活方式"的定义
第三阶段	4A 标志性产品·艺展中心综合体	建造 4A 生活方式的主要承载物
第四阶段	敢冒险+水生态·摇晃桥 常陪伴+水生态·自然体验创意园 享艺术·VR/AR 体验区	通过新产品设计填充4A生活方式的内容，优先建造最有吸引力的产品，包含冒险、陪伴、生态、艺术四方面
第五阶段	常陪伴+水生态·水上脚踏船 常陪伴+享艺术·创意手工坊	通过后续新产品的建设，进一步填充4A生活方式的内容
第六阶段	4A 生活方式·俱乐部制度改进 产品线整合 社交货币化	对新旧产品进行产品线整合，加深统一性；通过俱乐部制度改进保证产业活力；通过社交货币化保证提高景区发展天花板

资料来源：由麓湖水城营销策划办公室提供。

附录8：

表 7-5　刁主管团队麓湖水城营销策划的财务预算

阶段	营销方法	预算/万元
引流：话题营销	4A 生活方式话题营销	40
	亲子市场话题营销	65
	青年市场话题营销	50
转化：景区促销	单个产品促销	30
	游玩路线促销	5
	线下促销	5
	跨界联动	4
	社交货币化	10
总计	—	209

资料来源：由麓湖水城营销策划办公室提供。

7.2 案例使用说明

7.2.1 案例摘要

本案例描述了作为成都市公园城市开篇之作的麓湖水城，这一集旅游景区、文创产业区、商业区、总部经济区和住宅为一体的文旅融合新业态项目，在创建国家 4A 级旅游景区的过程中，如何以经营管理具体问题为导向，利用营销策划为手段，以市场调研为工具，力图在实现精准定位、扩大游客流的同时，兼容其项目公益性以及保持未来可持续经营的探索与实践。本案例为决策型案例，旨在整合营销学各课程的专业知识，并促使学员有效率地完成各类市场营销项目的设计、策划和评价工作。本案例以复杂多样的企业内外环境和特殊的产品为背景，辅以政府最新的产业发展要求，力图还原最真实且具有中国特色的经营场景，并最终形成典型性中国式的案例启示。

7.2.2 教学目标与适用课程

本案例主要适用于营销策划、市场营销、景区管理、旅游规划（MBA 旅游企业管理方向或 MTA）以及品牌管理等课程的课堂教学讨论和辅助教学。

本案例的教学目标是：通过本案例的学习，学生在过程中将所学基础课程（管理学、战略管理等）和专业课程（营销类课程与财务类课程）的主要知识有机地整合起来，克服课程"孤岛"现象，打通课程之间的界限，让各种知识成为一个"活"的系统和有机整体。同时，本案例以国家 A 级旅游景区这样的特殊产品的创建过程与创建标准为限制性条件，更加强调营销策划过程的理论联系实际，学生由此将更熟练地掌握市场营销策划的基础知识，借鉴项目可行性研究方法，使用评价软件分析问题、处理问题，进而有效率地完成各类市场营销项目的设计与策划工作。

7.2.3 教学对象

本案例主要适用于 MBA 和全日制管理类硕士。

7.2.4 教学计划

本案例教学应该开设专门的案例讨论课来进行，授课教师应该对课程学生进行分组，以 3~5 人为一组，将课堂分成不同团队（根据课堂人数，不超过 6 个团队）。授课教师可以将本案例课程安排在专业授课内容基本结束或即将结束之时，利用本案例做课程总结或课程补充；也可以将本案例安排在有关课程内容涉及"营销策划"开始之时，使用本案例来逐步导入营销策划的主要内容、重要阶段和基本逻辑。

整个案例课程应该由 1 次课程约 3 个课时，共计 120 分钟来完成课堂讨论；同时需要 1 次案例前期任务布置，大约 10 分钟（也可通过班级信息发布平台进行布置）。授课教师对学生应该至少有 1 次课外阅读要求和 2 次课外作业要求。以下是按照时间进度提供的课堂计划建议，仅供授课教师参考。

7.2.4.1　课前计划（案例讨论前一周）

案例讨论课前一周，课堂最后 10 分钟或通过班级信息发布平台，授课教师进行案例讨论准备的布置工作如表 7-6 所示。

表 7-6　课前计划内容参考

事项序号	学生要求	使用资源
1	了解国家级旅游景区评定标准、产品/服务价值与质量、中国旅游消费特征与趋势、中国景区的经营发展现状与问题、国家级景区、成都市各景点景区、四川天府新区文旅产业、国家公园城市建设、成都市万华新城发展股份有限公司的基本情况	学生参考：中国知网、百度、麓湖水城微信公众号（名称"麓湖水城景区"）和天府新区旅游联合会公众号（名称"成都天府新区旅游联合会"） 授课教师参考：教学笔记中的案例讨论关键点总结部分相关内容（对应思考题 1~3 以及"参考书目、预读或补充阅读材料"的 1~3 部分）
2	复习和回顾 SWOT 战略分析方法、PEST 分析法、STP① 分析法、顾客（游客）满意度、市场定位、营销策略（营销组合策略）、市场调研、品牌内涵与品牌定位、可行性分析以及引爆点等概念与方法；学习问卷设计的方法与原则；对基本的统计方法的原理与内容进行阅读	学生参考：营销策划、市场调研、统计学等书籍与网络资源 教师参考：案例教学笔记中的"课堂讨论与分析"部分中"案例讨论关键点"
3	课外作业：要求学生阅读案例正文，以小组为单位，根据案例内容回答教学笔记中预读思考题 1~5 题，以备下次课堂讨论	学生参考：案例正文 教师参考：通过教学笔记中的"案例讨论关键点总结"部分相关内容（对应思考题 1~3 以及"参考书目、预读或补充阅读材料"的 1~3 部分）进行备课；提出案例教学笔记预读思考题 1~5 题

7.2.4.2　课堂教学计划（3 个课时，120 分钟）

此次授课的主要目标在于：在管理能力上，培养学生在错综复杂的情景中能够提炼主要的管理问题，从而科学客观地对企业未来战略方向进行分析；在专业知识体系上，强化学生对营销策划的框架、内容、逻辑、流程和方法的掌握；加深学生对营销策划各要点工作（营销战略、策划目标、市场营销调研、STP，以及营销组合策略）之间关系的理解，同时训练学生对营销策划中调研内容与问题的设计能力，使学生具备对营销策划方案可行性的基本评估能力。由此为学生独立进行营销策划方案设计夯实基础。

---

① STP 即市场细分（segmentation）、选择适当的市场目标（targeting）和定位（positioning）。

该课堂计划分为 8 个环节，依序层层递进，分别以授课教师课堂讲授与学生回答问题的形式开展。具体如表 7-7 所示。

表 7-7 课堂教学计划（3 课时 120 分钟）

顺序	内容安排	参考资源	时间	备注
1	授课教师首先要求学生团队竞争发言：重点描述麓湖水城经营管理中的问题与原因，以及未来战略发展与工作方向的选择。要求陈述发言结论的理由	学生参考：第一次课前安排的作业；教师参考：无	15 分钟	选取 2~3 个团队发言，不做点评
2	授课教师简单讲述 SWOT 战略分析方法、营销 STP 分析法和 4Ps① 营销策略的核心要点，以及三者间的逻辑关系，要求学生团队根据上述内容，下课后对各自所提出的麓湖水城未来战略发展与工作方向进行重新审视，发现问题后及时优化	学生参考：案例正文；教师参考：案例教学笔记中的"课堂讨论与分析"部分中"案例讨论关键点"	15 分钟	优化内容将影响学生团队各自之后的策划方案内容
3	授课教师回顾并简单讲解营销策划的框架、内容、逻辑和流程；重点讲解营销策划目标确定、市场营销调研目标设定和市场调研问卷设计等内容、方法，以及上述各工作之间的逻辑联系	学生参考：无；教师参考：教学笔记中课堂讨论与分析的"讨论问题"部分 5~6；参考"关键要点"和板书设计的相应部分	15 分钟	学生将根据讲述内容掌握营销策划的主要步骤与要点
4	授课教师选择 1~2 个学生团队回答案例教学笔记中预读思考题 5	教师提出案例预读思考题 5	5~10 分钟	随机选择学生团队
5	授课教师点评发言团队的策划目标与调研问卷内容	教师参考：教学笔记中课堂讨论与分析的"讨论问题"对应部分；参考"关键要点"的对应部分	10 分钟	对策划目标与问卷内容的针对性和可行性进行评价
6	授课教师要求学生对营销"引爆点"概念和策划要点进行讨论和分享意见，并让学生回答案例教学笔记中预读思考题 6	教师参考：教学笔记中"关键知识点的应用说明"对应内容，使用案例预读思考题 6	20~30 分钟	学生可以不得出一致性的意见
7	授课教师讲授营销策划方案可行性的含义与要点，要求学生根据案例内容对麓湖水城进行"引爆点"的营销策划，并对策划可行性进行自评	教师参考：案例教学笔记中"理论依据与分析"和"关键要点"中的"可行性"内容	10~15 分钟	强调营销策划内容评估原则
8	授课教师主持自由提问及回答环节；主要引导学生对策划的限制性要素，如国家 A 级旅游景区创建标准、公园城市建设内涵、当地政府态度、社区态度，以及公司管理层意见对本次策划的影响等	教师参考案例教学笔记中"理论依据与分析"和"关键要点"，以及参考书目、预读或补充阅读材料相应内容	15~20 分钟	提示策划其他限制性要求，使评估内容完善

① 4Ps 指产品（product）、价格（price）、渠道（place）、宣传（promotion）。

7.2.4.3 课后作业建议

（1）要求学生团队根据第一次课堂授课内容，结合案例正文和案例附录中的信息，完成有关麓湖水城市场调研方案与调研问卷的优化工作。

（2）学生团队根据预读思考题12，完成各自的策划方案。该策划方案将根据内容质量进行团队考核并打分，分数纳入课程平时成绩。其打分标准可以参考：60~70分为一般，71~80分为良好，81~90分为优秀。打分内容参考案例教学笔记中"理论依据与分析"和"关键要点"中的对应部分。

（3）授课教师要求学生以个人为单位，完成案例总结报告用于评分，报告主要分为三部分，其内容建议要求如下：

首先，报告第一部分需要完整回答案例预读思考题7~12题。其次，报告第二部分需要根据个人所在团队的策划方案，针对案例中刘总的最后疑问做出决策性选择并说明。最后，报告第三部分需要对本案例的管理启示与参考价值进行分析说明。

该报告可以作为本课程学生个人的期中考核或平时成绩考核来使用。报告的打分标准可以参考：60~70分为一般，71~80分为良好，81~90分为优秀。报告的打分内容参考案例教学笔记中"理论依据与分析"和"关键要点"，以及参考书目、预读或补充阅读材料相应内容。

7.2.5 预读思考题

（1）旅游景区（含主题公园）的核心产品（服务）与特征是什么？其产品（服务）结构维度有哪些？中国旅游景区行业的发展现状、趋势和主要特征是什么？

（2）中国旅游特征与趋势是怎样的？游客需求和消费的特征是怎样的？

（3）中国国家A级旅游景区评定标准对于国家4A级旅游景区的硬件配套和营销工作的要求有哪些？公园城市的基本设想和思路是什么？这对麓湖的建设与发展有哪些启示和要求？

（4）目前麓湖水城的主要问题有哪些？试分析各问题的关系与根源。请结合PEST环境分析法和SWOT战略分析方法，并以问题为导向，确定麓湖水城未来的战略方向、工作重点和工作内容。

（5）根据案例内容提炼此次策划的目标，并由此设计市场调研计划和调研问卷。

（6）对于案例中提到的"引爆点"，你是如何理解的？你设计"引爆点"的依据是什么？请结合案例内容来说明。

（7）消费者和竞争者分析的内容与过程是什么？根据案例内容、案例附录内容与网络二手数据与信息，对麓湖水城进行消费者行为和竞争对手分析，并得出结论。

（8）根据案例正文与附录，以及网络二手数据与信息，对麓湖水城进行STP战略分析，并由此对案例中"各持己见"部分的麓湖管理人员的定位发言进行评价。

（9）根据上题的STP战略分析结论，以及案例内容、案例附录内容与网络信息，对麓湖水城的定价、产品、渠道和促销策略进行分析，需要得出结论并陈述理由。

（10）营销策划可行性的要素有哪些？你如何评价刁主管团队策划初稿的可行性，特别是其财务预算可行性，为什么？

（11）如何评价案例中市场部刁主管团队的策划初稿？依据是什么？根据前面的回答内容，应如何回答案例中最后各管理人员关于策划初稿的疑问？

（12）根据案例内容，特别是案例中刘总对刁主管的要求，以及案例附录信息和网络信息，以团队为单位完成此次麓湖水城的营销策划，并回答该策划是如何应对国家 4A 级旅游景区评审专家与新区相关部门负责人的整改措施要求的。

7.2.6　课堂讨论与分析

7.2.6.1　课堂讨论与分析的基本思路与逻辑

本案例基本思路为，根据案例内容首先提炼企业此次实施营销策划的问题，由问题进行营销调研设计，由调研结果和营销环境分析进行营销定位与营销策略的营销组合设计，并制定出完整的营销策划执行控制方案。由此，学生将置身于一个较为真实的环境中，通过有限信息，结合附加信息搜集整理和提炼，经历并操作一次完整的市场营销策划。通过这个过程，学生也将逐步回答案例关键问题，进行案例决策的选择与优化，由此掌握通过营销策划手段解决企业具体问题的原则与方法。基于上述设计，本案例学习的过程与逻辑如图 7-7 所示。

图 7-7　此次案例学习的过程与逻辑

资料来源：作者根据黄聚河《营销策划：理论与实务（第二版）》（清华大学出版社，2017 年），第 25-27 页营销策划相关内容自行总结绘制。

● 讨论问题 1

分析和讨论：国家级旅游景区评定标准对本案例的约束性限制。

首先授课教师可以参考下列资料，充分了解该评定标准内容与现状，并可以让学生在案例分析第一阶段阅读下列内容：

第一，该标准于 2004 年 10 月由中华人民共和国国家质量监督检验检疫总局发布，2016 年进行部分修订，该标准全称《旅游景区质量等级的划分与评定》（GB/T 17775-2003）。

第二，该标准旨在指导中国旅游景区的标准化试点创建工作，使试点景区的服务质量和环境质量得到明显的改善和提高，取得良好的经济效益和社会效益。

第三，该标准将国家级旅游景区划分为 A—AAAAA 五个标准，对景区的旅游交通、游览、旅游安全、卫生、邮电服务、旅游购物、经营管理、资源和环境保护、旅游资源吸引力、市场吸引力、接待海内外游客数量和游客满意度 12 个维度的指标进行评价打分。该标准要求各等级景区需要达到的评分条件为：5A 级景区总分要求在 950 分以上，4A 级景区总分要求在 850 分以上，3A、2A 和 A 级景区总分要求分别在 750 分、600 分和 500 分以上①。

第四，截至 2019 年 4 月，我国共有 A 级景区 5 814 个，其中 5A 级景区 259 个，4A 级景区 3 034 个（含被降级和摘牌的 4A 级景区，共计 200 多个）。成都的 A 级景区数量为 62 个，其中 5A 级景区数量为 2 个，4A 级景区数量为 60 个。而同一时期，北京共有 7 个 5A 级景区和 71 个 4A 级景区，上海有 59 个 4A 级景区和 3 个 5A 级景区②。

任何一次营销策划都将受到不同行业标准、规范、律法等特殊性的限制。现实中，没有一位营销策划者能够了解和掌握所有的行业特征。因此，必要的行业知识学习必不可少。本案例中，由于旅游景区的特殊性，《旅游景区质量等级的划分与评定》即是该行业的建设指南与管理要求。因此开展对该标准的学习与解读，成为明确案例中营销策划问题具体内容的指引。该标准以不同等级 A 级景区的综合得分要求作为指导，对景区硬件设施建设和经营管理手段分别有细化的要求。其中，该标准对于景区的营销目标也有具体内容与结果的提示，这一点需要授课教师提前知晓，并要求学生进行阅读和理解，以便全面、准确地确定案例中的营销策划目标。

• 讨论问题 2

分析和讨论：中国旅游发展趋势与特征是怎样的？

对该问题的讨论，授课教师可以参考下文所述基本信息。学生将被要求对该问题进行网络信息的搜集、提炼和总结。这些内容将对案例的麓湖水城产品定位与产品优化提供直接依据。

旅游业已经成为我国名副其实的支柱产业，已经成为人民群众日常生活的重要组成部分，我国旅游业已经进入大众旅游时代。根据旅游消费发展的规律，中国旅游消费经历了一个明显的消费升级的过程，先后经历观光游（停留时间短，人均消费低）、休闲游（停留时间 1~2 周，人均消费较高）、度假游（停留时间 1 个月左右，人均消费水平高）三个阶段。

中国旅游业的特征与趋势可以从四个不同角度进行总结，其结果如下：

第一，从消费形式和消费需求来看，旅游消费空间正由团队客的封闭世界转变为游客和市民共享的生活空间。国民大众旅行经验的不断丰富以及"80 后""90后"游客数量增长和主体结构变化开启了自主旅游决策、自主行程安排、自助旅行时代。随着互联网和移动互联网在旅游业的广泛应用，一大批服务于旅行前、旅行中、旅行后的在线旅游企业出现，使自主、自助旅行更加便利。同时，散客旅游的

① 作者根据《旅游景区质量等级的划分与评定》中相关内容总结提炼各级旅游景区的评分要求。
② 作者根据全国旅游景区 2019 年最新名单统计得出。

消费空间从封闭走向开放，从游客和市民的空间隔离到游客和市民的生活空间共享。与此同时，游客对基础设施、公共服务、生态环境的要求越来越高，对个性化、特色化旅游产品和服务的要求越来越高，旅游需求的品质化和中高端化趋势日益明显，对旅游目的地的城市建设、环境保护等方面起到了积极作用。

第二，从市场主体来看，旅游业经营模式将由单一旅游企业主体转变为日益多元化的跨行业商业主体，在旅游业专业化分工和市场细分程度加深的基础上，旅游业各细分子行业的业务板块融合，以及旅游业与其他行业之间的产业融合，逐步成为现代旅游业发展的主要特征之一，旅游业的经营模式趋于多元化。旅游业正在成为传统行业转型发展和互联网等新兴行业创新发展的重要领域。近年，地产、煤炭等传统行业巨头纷纷投资建设文化旅游城、主题公园、酒店、旅游度假区等项目，BAT[①] 等互联网企业也纷纷以多种方式介入在线旅游、旅行社领域，加快布局旅游业。

第三，从产业内容来看，旅游产业正在由狭义旅游商业范畴扩展到广义的大旅游商业领域。旅游行业的开放发展，云计算、物联网、大数据等现代信息技术在旅游业广泛应用，大众旅游时代旅游消费形式的变化，共同推动旅游业内涵的增加和外延的拓展。对于旅游景点，在传统景区依然有强大吸引力的同时，包括以华侨城为代表的主题公园、以乌镇为代表的休闲度假景区、以北京 798 艺术区为代表的开放式文化创意地，以及旅游综合体等更多新类别景区或非景区也日益成为旅游旅行的热点。在旅游交通方面，在传统的飞机、火车、汽车等交通工具基础上，动车的开通为更多旅客远距离出行带来了便利。与此同时，满足异地自驾的租车服务快速壮大，成为自助游游客常用的旅游交通形式，网约车平台等也为来访的游客在目的地的出行提供了便利。

第四，从旅游业发展模式来看，以抓点为特征的景点旅游发展模式向区域资源整合、产业融合、共建共享的全域旅游发展模式加速转变。随着旅游业进入全民旅游和以个人游、自助游为主的新阶段，传统的以抓点方式为特征的景点旅游模式已不能满足现代大旅游发展的需要。2016 年，国家旅游局提出将全域旅游作为新时期的旅游发展战略。全域旅游是指在一定区域内，以旅游业为优势产业，通过对区域内经济社会资源尤其是旅游资源、相关产业、生态环境、公共服务、体制机制、政策法规、文明素质等进行全方位、系统化的优化提升，实现区域资源有机整合、产业融合发展、社会共建共享。

由此，授课教师需要引导学生特别关注当今的文商会旅融合现象、亲子旅游现象与特征，以及老年游客消费特征和微度假趋势等。这些都需要体现在本案例的环境分析与营销组合内容中。

---

① BAT 即中国互联网公司三巨头，B 指百度，A 指阿里巴巴，T 指腾讯。

● 讨论问题3

分析和讨论：成都市的旅游发展趋势与特征是怎样的？这对麓湖水城的营销启示有哪些？

该问题直接涉及了本案例的营销策划环境分析中的需求分析，进而可以对STP分析中的定位、活动设计等形成直接参考。该问题的讨论，首先涉及了成都市旅游的整体情况，包括基本大数据、出游特征、游客消费特征、文化旅游特征、各类文旅点位基本信息等。授课教师可以参考案例撰写者的下列资料进行了解，同时要求学生在网络上搜集相关数据与信息，与下列信息和信息总结做基本对比：

第一，根据案例编写者的相关调研①，成都市2018年游客达到2.3亿人次，已经成为国内名副其实的旅游目的地。近年来，成都本地游客以一日游游客居多，主要出游目的为休闲度假和观光游览，游览方式以"自由行"为主。在2017年调查的8 471个成都市国内游客中，一日游游客5 441人，占64.23%；过夜游游客3 030人，占35.77%。从客源地看，来自成都市内游客占比为52.30%，市外省内游客占27.45%，省外游客占20.25%。从旅游主要动机来看，以休闲/度假（46.91%）和观光/游览（40.53%）为主，两者的比例共为87.44%。从旅游方式来看，"自由行"占绝对优势，跟团游的游客所占比例仅为1.63%。值得注意的是，自驾车旅行的占比已由2015年的33.2%增长至2018年的42.36%，散客化和自驾游趋势明显。由此可见，成都本地的一日游、轻度假市场十分广大。

第二，在游客消费方面，2017年国内游客在成都旅游期间人均花费为1 227.7元，一日游游客人均花费为614元。数据显示，成都市游客花费虽有较大幅度提升，但仍以吃、住、行等必要的基本消费为主，购物、娱乐等方面的非基本花费占比仍然较低。同时，过夜游客、市外游客的花费明显较高，而成都市游客类型又以本地游客和一日游游客居多。由此可见，在居民家庭收入不断增长的背景下，成都市旅游景区需要坚持优质服务，丰富产品内容与形式，并增加服务供给，加大文旅融合力度与新业态旅游与夜间旅游的开发力度，在亲子、娱乐和购物服务方面狠下功夫，从供给侧进行旅游产品结构性调整与优化，以彰显独特的品牌形象，有效吸引游客休闲消费。

第三，值得关注的是，近年来休闲旅游已经成为成都市民生活的常态，即一种普遍的生活方式。而与全国其他区域相比，成都游客的微度假特征更为明显，即出游时间在4~8小时，基本不过夜，携家人和朋友同行，出游交通单程花费时间在1.5小时内。这样的出游特征无疑带有明显亲子、休闲放松、追求舒适与轻松的特点。

上述对麓湖水城的营销策划启示的分析可以简单总结为：①成都游客数量逐年增长且数量巨大，成都各类旅游项目都有发展潜力。②随着居民收入的增加，从供

① 作者根据自身主持的"2018—2019年的成都市政府旅游趋势专题调研"所得调研数据，总结得出成都市游客人数和消费统计数据，并得出其旅游特征总结。

给侧数据进行分析，现有成都市旅游产品结构需要调整与优化，需要从传统景区观光游进化到都市文旅融合游、新业态旅游和夜间旅游，并充分结合亲子、娱乐和购物服务等方面进行差异化打造，以彰显独特的品牌形象，最终赢得市场先机。

- 讨论问题 4

分析和讨论：麓湖水城本次市场营销策划的步骤与内容是什么？

该问题是本案例的核心内容。授课教师需要首先明确告知学生，市场营销策划是指企业为了改变现状，达到理想目标，借助科学方法与创新思维，在一定时间内，分析研究、创新设计并制订和实施企业产品（含服务和创意）、价格、渠道和促销方案，通过精准定位，从产品的整合传播推广活动入手，为企业打造品牌、创造利益的理性思维与管理经营活动。

而关于营销策划的过程与步骤，授课教师需要引导学生认识到：营销开始于业务计划过程之前，由价值创造和随后的传递组成，这个过程包括三个阶段。

第一，选择价值。在任何产品产生以前，必须先做营销"作业"。营销工作过程是 STP，即细分市场（segmentation）、目标（targeting）、定位（positioning）。

第二，一旦业务单位选择好了将提供给目标市场的价值，它即准备提供价值工作。产品和服务必须具体明确，价格必须建立，产品必须制造和分销给市场（4P）。此阶段的 4Ps 内容即是战术营销的内容。

145

第三，传播价值。营销过程始于产品以前，继续于产品开发之中，在产品销售之后还应延续。

而对应的营销策划的过程则是：搜集整理特定问题，制订与之对应的特定目标，之后根据目标开展市场调研与相关资料信息搜集，再做企业与行业的内外部环境分析，充分了解企业实现该目标的资源与约束，以及未来可行的战略方向。随后基于上述两个步骤的结论，进行创造性方案构思，并设计出逻辑严密、因果内容明显的整体方案计划。最终在方案计划中明确执行控制要点（什么活动、谁做、对谁去做、什么时间做、怎么去做等）。根据这样的逻辑，营销策划方案的具体步骤如下：

第一步，确定策划目的。对企业和市场的现状、问题与经营目标的全面摸底，通过交流访谈、认真倾听、理解问题，并将目标进行分解、归类、整合，明确企业此次策划的完整的根本目的。

第二步，分析并明确当前营销环境状况。企业通过市场分析、市场调研等手段，明确企业此次策划业务所对应的市场状况与前景，了解产品（服务）的市场特性、现实市场和潜在市场、市场成长情况（生命周期与需求变化）、消费者接受情况、进行市场营销因素分析，从而获得该市场机会与对应威胁，并了解企业优势与不足（SWOT 战略分析方法），最终确定该业务发展战略方向的选择。

第三步，营销目标的制订。企业根据策划目的、营销环境分析的结论，科学有效地制订出此次策划的具体目标，同时量化目标要求，设计目标执行时间。

第四步：通过对 4Ps 营销策略的设计，根据营销环境分析结果，对每一个营销组合要素内容进行细化的设计与制订,以保证此次营销目标的顺利获得。

第五步:制订具体的行动方案。以营销策略设计内容为指导,按时间、地点、管理人员或团队,或以不同顾客群为分类标准,将营销策略对应的企业管理和市场经营过程分解成为不同的、相对独立和可分别管理的活动,并做出合理安排。

第六步,根据上述活动制订费用预算。

第七步,同时根据预估风险点、费用标准或主要活动可能出现的不同结果,进行方案调整的计划设计,提前制订备用方案。

在本案例中,麓湖水城的刘总所描述的各类创建国家 4A 级旅游景区的思考中,包含各类营销策划中营销环境的信息;专家的指导发言含有此次营销目标的参考要求;刁主管的调研信息涵盖了对此次策划 4Ps 的基本思考;各经理人的对话提供了此次营销定位的基本关键点……由此,授课教师需要引导学生充分提炼并分析上述内容,依托营销策划的具体步骤,使其各自层层分析并设计出此次营销策划基本内容,形成对麓湖刁主管策划内容的对比评价,以及完成一次从头到尾完整的营销策划方案的制订工作。

- 讨论问题 5

分析和讨论:麓湖水城景区的定位是什么?为什么?

对于该组问题,授课教师应该指导学生回顾并总结 STP 分析法来明确定位的实质,即相对于竞争对手,具体针对自身产品、品牌或企业进行潜在顾客心理方面的差异化工作。定位的开发和制定因而由上述三个因素决定。而关于景区(旅游目的地)定位,国内学术界普遍认为传统旅游景区应从主体地位、功能、市场、形象、产品 5 个方面进行定位更新,努力实现在新的竞争条件下的再发展。

具体来说,此次关于麓湖水城的市场定位的步骤可分为四个方面:资源调查与评价、列举产品类型并区分等级、与竞争对手对比分析、选定目标市场。因此,本案例中,明确麓湖水城的目标人群,进而解读并锁定其需求的共性,整合旅游线路与产品主题是麓湖水城重新定位的关键。另外,该问题还需要考虑公司的战略与思路,如案例中各位经理人的思考等。

- 讨论问题 6

分析和讨论:麓湖水城营销策划的引爆点设计的参考有哪些?

"引爆点"的具体载体可能是某个事件、某个时刻、某个品牌、某个产品或某人在公众强烈关注前的那个时刻,它有着这样的启示:首先,把有限的资源集中用到关键方面。其次,要有一个基本理念来制造流行,驱使目标市场骤然改变其某个行为习惯。最后,制造流行的每一步都需要实际理论和数据来支撑,不仅要明白做什么,还必须清楚为什么这么做。由此,麓湖水城在精准确定目标市场的需求后,需要对市场的消费结构、特征以及其生活特征与关注点进行全方位的整理和提炼,从而用心理学或行为学理论以及市场数据来分析说明"引爆点"的具体内容与原因。

引爆点的讨论是本案例的重点内容（案例"画龙点睛"就是指的这个），也是最有争议的内容，具有主观性、创造性（不可复制性）和不可控等特征。目前学界对于引爆点的研究与分析多在概念讨论与现象分析方面，对于如何具体实施尚无定论。纵观有关该关键词的实践与研究，可以得出这样的结论：第一，引爆点来临前需要做大量的市场宣传与培育工作；第二，引爆点的内容需要明确，即什么话题、什么人物或事件是引爆的关注热点，这一点还可参考内容营销与场景营销的讨论；第三，引爆点是时尚和大众互动参与的热点，它的核心内容应该与当下流行内容相关，可以兼容大众参与的话题；第四，要全面分析引爆点与此次营销策划的关系，即如何利用它更好地为营销策略服务，并做好策略配套的准备；第五，引爆点来临不可控，热度退去迅速，需要把握其特征，做好备用方案以最大化其热度附加值。

本案例中，关于引爆点的讨论可以在学生全面分析案例并做出自己的策划方案后进行，授课教师可以根据其策划内容的时尚性、主题性、预计热度、大众参与度与策划方案的关联程度等引导学生进行讨论。

7.2.6.2　案例讨论关键点总结

本案例的关键点在于：①让学生对真实管理问题有独立、客观和清晰的分析能力，选择性地吸收案例中设计的不同职能部门负责人角色的观点，同时不受其误导；②让学生在错综复杂的环境中，快速总结和提炼主要问题，并由此获得判断企业战略方向和发展趋势的基本能力，为具体问题的解决夯实基础；③让学生可以熟练地理论联系实际，能够由营销策划管理的基本框架和内容入手，对营销策划工作的基本思路、基本要素以及基本过程进行分析、评价、归纳与设计。由此，本案例关键点的应用说明如下：

1. 问题界定的手段与原则

本案例首先需要授课教师在学生阅读案例后要求学生进行前期准备工作，主要涉及对当前麓湖水城主要问题的提炼和分析，并由此获得关于此次策划的主要目标。在实践中，本部分内容应该是与相关部门负责人员进行交流访谈，而在案例学习中则设计为对案例中各人物的发言进行问题汇总和整理，并随后进行分析和总结。

在营销策划问题界定过程中，策划者需要认真倾听各方意见，小心理解谈话的话中之意，应用追问和复述等技巧明确问题。而在案例学习中，则需要对每个角色身份进行分析，不受无关信息与主观信息的干扰，以现象—问题—原因这样的思路结合营销理论来认识和界定问题。在问题的分析中，要注意将对问题的认识进行目标分解，即以怎样的手段、流程来应对问题。例如，将案例中"游客量淡旺季明显，数量不够"的问题，转换为在某某时间内，吸引多少（具体数量）的某某游客（精确界定市场特征）到麓湖水城做什么（需要定义行为），或者让多少（具体数量）的某某游客（精确界定市场特征）了解（知晓或认同）麓湖水城（主要项目内容或核心品牌内涵）。总之，目标应该予以量化，执行时间应该予以明确，市场特征要精确。

2. 景区产品与服务核心价值的确定

了解所研究产品的核心价值是所有案例分析的重要前提。但现实中，任何个人和团体都不可能对所有的产品和服务细节了如指掌。因此，如何剥离产品价值——核心价值、有形价值、附加价值、潜在价值，或物理价值、消费价值以及精神价值，是营销者和管理者的基本能力之一。此处授课教师可以参考莱维特的产品结构模型，以及消费者行为中的购买动机等概念进行引导，让学生对景区这种特殊的、具有公共属性和不动产特性的产品的各种价值与游客感知价值拥有清晰的认识。另外，景区产品还包括其提供的服务。服务运作的产出结果是一种无形的、不可触的服务。授课教师需要指出服务的特殊性，使得服务运作管理更加注重从顾客体验的视角去设计服务生产的整个过程。

之后，在综合各学者对景区服务质量体系的研究后，授课教师和学生可以参考这样的定义：景区管理中的服务感知质量是指，游客能认知到的、能辨别且能判断的，景区管理公司（机构）为了满足景区游客综合性和多样性需求所提供的各种多元化服务。其具体指标可参考这样的标准：指标体系在硬件（设施设备、有形产品）和软件（服务）上的具体表现是什么，以及服务过程中游客对其各个要素或关键环节的评价是否完整等。学生可根据此理念进行前期麓湖水城服务管理与游客服务满意度问题的分析，以及后期调研问卷量表的设计。

3. SWOT 战略分析方法的应用

授课教师需要明确的是该分析模型中，S、W 是内部因素，O、T 是外部因素。按照企业竞争战略的完整概念，战略应是一个企业"能够做的"（组织的强项和弱项）和"可能做的"（环境的机会和威胁）之间的有机组合。在 SWOT 战略分析方法中，企业战略方向可以有四种选择：积极进取、多元化经营、战略转移和战略防守。每一个企业因为其内外环境和资源的不同，其选择也是不同的。值得一提的是，要明确企业未来的决策，战略方向是重要的参考和指导。需要授课教师特别说明的是，一个企业在一定时期，其 SWOT 战略分析方法结果是对应某一个具体象限的，这个结论是唯一的。

4. 营销策划可行性分析的要点与原则

这部分的内容讲解可分为两个层次，即企业内部可行性和企业外部可行性。内部可行性需要从分析麓湖水城项目的技术、人力、财务能力、渠道和宣传资源等方面进行调查和分析；外部可行性则需要对策划项目实施以后可能取得的财务、经济效益及社会环境影响进行预测。本案例中，此次营销策划涉及的产品整改优化（是否满足确定后的定位、是否符合景区评审专家和地方政府的意见等社会经济效应要素）和营销活动的成本估算、时间安排的合理性是分析重点；而营销费用所对应的活动策划，其可操作性、合理性（是否符合市场价格规律、是否可以在预算内执行等）应该是得出可行性的关键。另外，也可参照投资—回报的分析模式，对此次营销策划的成本与收益进行对比分析。

7.2.7　板书设计

本案例教学相关板书如图 7-8 至图 7-11 所示。

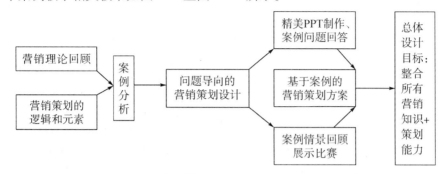

图 7-8　关于本次麓湖水城案例学习的总体思路板书
资料来源：作者根据此次案例课程的教学目标与策划逻辑自行设计绘制。

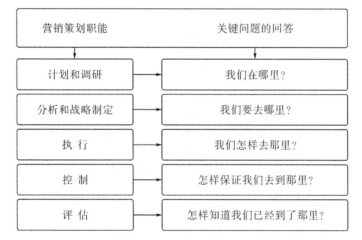

图 7-9　关于营销策划的职能与关键对应问题的课堂板书
资料来源：作者根据此次案例课程的教学目标与策划逻辑自行设计绘制。

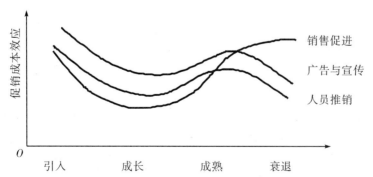

图 7-10　关于不同生命周期阶段，不同促销手段的成本效应的讲解图示
资料来源：作者根据促销手段的成本效应自行设计绘制。

149

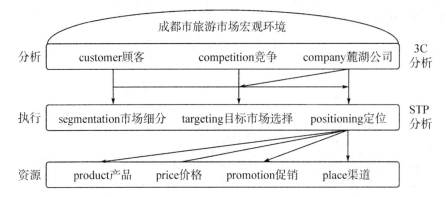

图 7-11　关于麓湖水城市场策划的 STP 分析的过程与逻辑的课堂板书

资料来源：作者根据市场营销的工作内容与机制，结合此次营销策划任务自行设计绘制。

7.2.8　参考书目、预读或补充阅读材料

7.2.8.1　参考书目

（1）黄聚河. 营销策划：理论与实务［M］. 2 版. 北京：清华大学出版社，2017.

（2）马尔科姆·麦克唐纳. 营销策划：精于思易于行［M］. 6 版. 高杰，等译. 北京：电子工业出版社，2011.

（3）孟韬，毕克贵. 营销策划：方法、技巧与文案［M］. 2 版. 北京：机械工业出版社，2012.

（4）约瑟夫·派恩，詹姆斯·H. 吉尔摩. 体验经济［M］. 毕崇毅，译. 北京：机械工业出版社，2002.

（5）艾·里斯，杰克·特劳特. 定位［M］. 邓德隆，火华强，译. 北京：机械工业出版社，2013.

（6）马尔科姆·格拉德威尔. 引爆点［M］. 钱清，覃爱冬，译. 北京：中信出版社，2014.

（7）尼尔·布朗，斯图尔特·基利. 学会提问［M］. 吴礼敬，译. 北京：机械工业出版社，2013.

7.2.8.2　预读或补充阅读材料

1. 麓湖水城公司背景

成都万华新城发展股份有限公司成立于 2007 年 7 月，注册资本为 33 530 万元人民币，是由成都万华投资集团有限公司（母公司为中国郎酒集团）及泸州宝光集团有限公司共同出资成立的股份有限公司。其中成都万华投资集团有限公司出资比例占 95%，可以说成都万华新城发展股份有限公司是成都万华投资集团有限公司拥有实际控制权的下属子公司。该公司下属成都麓湖商业发展有限公司，其出资比例

为 90%。成都万华新城发展股份有限公司具有雄厚的集团背景，集团公司专注于高端复合地产开发与运营，旗下拥有房地产开发公司、项目管理公司以及甲级建筑设计院。公司投资开发的占地数千亩的麓山国际社区已成为西南高端社区的典范，2009 年获全国别墅单盘销售冠军。

2. 四川天府新区成都直管区简介

2014 年 10 月 2 日，国务院批复同意设立四川天府新区，天府新区正式晋升为第 11 个国家级新区。四川天府新区成都直管区，是四川天府新区内由成都市直接管辖的区域，位于成都市区南部，面积 564 平方千米。截至 2020 年 9 月底，成都地铁 1 号线、5 号线、18 号线已经建成通车，并直达新区核心区域。直管区管辖 1 个街道和 12 个镇，是成都市"双核共兴"的两个中心城区之一，是成都市着力打造的新中心，聚集发展新经济、会展经济、文创产业，加快形成天府中心、西部博览城、成都科学城、天府文创城，打造美丽宜居公园城市先行区、西部地区最具活力的新兴增长极和内陆开放高地，正成为全省推动高质量发展的样板。

3. 四川天府新区成都直管区文旅产业现状与规划

截至 2018 年 12 月底，四川天府新区成都直管区共有国家 A 级旅游景区 6 家[①]，其中 4A 级 1 家，为成都海昌极地海洋世界；3A 级 3 家，分别为成都南湖梦幻岛亲子主题公园、茗猎户森林山庄（林盘景区）和翠湖梨乡（乡村旅游）景区；2A 级 2 家，为成都松鼠部落亲子乐园和成都老虎沟森林庄园。另外的非 A 级景区还有位于新区太平镇的香薰山谷（薰衣草基地）和位于三星镇的杨梅小镇。而正在创建国家 4A 级旅游景区的麓湖水城与成都海昌极地海洋世界和南湖梦幻岛毗邻，分别相距不到 3 千米。

4. 国家公园城市创建思考

2018 年 2 月 11 日，习近平总书记来到天府新区成都直管区考察。这是总书记第一次考察天府新区，也是党的十九大后，总书记的首次国家级新区之行。总书记在参观了直管区产业规划馆和兴隆湖科学城后，现场指出天府新区是"一带一路"建设和长江经济带发展的重要节点，一定要规划好建设好，特别是要突出公园城市特点，把生态价值考虑进去，努力打造新的增长极，建设内陆开放经济高地。

由此，天府新区成都直管区开始了对公园城市建设理念与实施细则的讨论与探索。对于上述问题，天府公园城市研究高级顾问、中国工程院院士、同济大学副校长吴志强有这样的思考：公园城市，并不是"公园"和"城市"的简单叠加。不是说城市里面大量建公园，就是公园城市了。在吴志强看来，公园城市应该按照四个字分别表达的汉语意思来看，应该是这四个字的意义总和。"公"对应公共交往功能，"园"对应整个生态系统，"城"对应人居与生活，而"市"则对应产业经济

151

---

① 资料来源：作者主持完成的《天府新区成都直管区旅游产业总体规划（2017—2023）》以及作者主持完成的《天府新区成都直管区旅游工作报告（2018）》。

活动。因此公园城市的内涵，其实应该是公共、生态、生活、生产的叠加。吴志强将其概括为"一公三生"，这是一个各类功能相互协调、复合性高的系统。总结起来就是，公园城市应该是生态文明的城市版，城市发展的绿色版，美好生活的现实版，田园城市的未来版。

其他学者，如成实等 2018 年同时提出了建设公园城市。公园城市应该在传统交通道路的基础上，以绿道串联，并植以多元化的主题，注重生态系统的修复，建立多维立体的绿化景观，构建公园化的城乡体系，将山水如画的乡村风貌和丰富多彩的传统文化与都市功能有机结合，让乡村变成当地百姓宜居的仙境和大都市市民休闲度假的天堂。而在建设理念方面，有学者强调要构建共享发展观，注重公园化公共空间的开放性、可达性、均好性，实现多元宜居，提升开放包容等。这部分内容也是麓湖水城项目的产品调整与定位参考的重要依据与限制：一个项目不得与其区域政府规划与定位相冲突。

5. 其他材料

材料 1：麓湖水城景区游客反馈（信息来源于大众点评网等），学生可以自己通过网络查询。

材料 2：案例中，国家 A 级旅游景区评定相关标准可以直接在国家文化和旅游部官网中下载。

材料 3：案例的后续进展与其他信息。

本案例已经在西南财经大学 MBA 的市场营销策划、MTA 的旅游企业管理前沿，以及学术型硕士研究生旅游体验营销课程中试用。部分内容已经根据学生反馈进行了调整和优化。整体来说，该案例的使用视角与深度均可根据学生的先行课程的具体内容进行调整。先行课程应该涵盖市场营销学、战略管理、统计学或市场营销调研等相关内容。根据学生反馈，该案例还可用于 MBA 的毕业论文指导。

7.2.9 附录

附录 1：刁主管的麓湖生态城市场调查与访谈内容设计及结果

第 1 题　请问您的性别是_____（单选题）

选项	小计/人	比例
男	22	16.18%
女	114	83.82%
本题有效填写人数	136	—

第 2 题 请问您的职业是_____（单选题）

选项	小计/人	比例	
在校学生	31		22.79%
在职人员	51		37.5%
自由职业者	29		21.32%
待业或无业	3		2.21%
退休	22		16.18%
本题有效填写人数	136		—

第 3 题 请问您的年龄是_____（单选题）

选项	小计/人	比例	
18 岁以下	1		0.74%
18～25 岁	38		27.94%
26～30 岁	4		2.94%
31～40 岁	7		5.15%
41～50 岁	56		41.18%
51～60 岁	24		17.65%
60 岁以上	6		4.41%
本题有效填写人数	136		—

第 4 题 请问您的月收入是_____（单选题）

选项	小计/人	比例	
2 000 元以下	32		23.53%
2 000～5 000 元	58		42.65%
5 001～10 000 元	23		16.91%
10 000 元以上	7		5.15%
其他	16		11.76%
本题有效填写人数	136		—

第 5 题　您是否第一次到麓湖水城景区游玩？（单选题）

选项	小计/人	比例
是	22	16.18%
否	114	83.82%
本题有效填写人数	136	—

第 6 题　您通过哪种渠道了解到麓湖生态景区？（多选题）

选项	小计/人	比例
亲朋好友推荐	18	81.82%
电视媒体广告	3	13.64%
微博大V推荐	0	0%
微信推送	2	9.09%
小红书推荐	1	4.55%
抖音	2	9.09%
官网	3	13.64%
旅行社	4	18.18%
其他	4	18.18%
本题有效填写人数	22	—

第 7 题　您此次选择的出行交通方式是_____（多选题）

选项	小计/人	比例
自驾出行	12	54.55%
公共交通出行	12	54.55%
跟团包车出行	4	18.18%
其他	2	9.09%
本题有效填写人数	22	—

第8题 您此次选择的出游形式是_____（多选题）

选项	小计/人	比例
跟团游	5	22.73%
单人游	2	9.09%
好友出行	15	68.18%
家庭出行	11	50%
公司团建	1	4.55%
其他	1	4.55%
本题有效填写人数	22	—

第9题 您此次的出行目的是_____（多选题）

选项	小计/人	比例
休闲放松	21	95.45%
亲子旅游	5	22.73%
打卡拍照	3	13.64%
聚会聚餐	3	13.64%
参加论坛	0	0%
其他	1	4.55%
本题有效填写人数	22	—

第10题 关于麓湖生态景区的部分项目收费，您觉得哪种方式您更能接受？（多选题）

选项	小计/人	比例
每个项目单独收费	9	40.91%
划分区域进行套票出售	3	13.64%
全景区一次性收费	13	59.09%
本题有效填写人数	22	—

155

第 11 题　您对艺展中心、云朵乐园、麓客岛这三个景点哪一个最满意?（多选题）

选项	小计/人	比例	
艺展中心	6		27.27%
云朵乐园	5		22.73%
麓客岛	9		40.91%
都不满意	1		4.55%
都满意	7		31.82%
本题有效填写人数	22	—	

第 12 题　您更愿意在工作日还是休息日前来麓湖水城?（单选题）

选项	小计/人	比例	
工作日	8		36.36%
休息日	14		63.64%
本题有效填写人数	22	—	

第 13 题　　在旅游体验前，您对麓湖生态景区的期望值是_____（量表题）

本题平均分：7.68

选项	小计/人	比例	
非常不期待	0		0%
1	1		4.55%
2	0		0%
3	2		9.09%
4	1		4.55%
5	1		4.55%
6	2		9.09%
7	2		9.09%
8	1		4.55%
9	1		4.55%
非常期待	11		50%
本题有效填写人数	22	—	

第 14 题　对于麓湖生态景区的各项目费用的满意程度是_____（量表题）

本题平均分：6.09

选项	小计/人	比例
非常不满意	0	0%
1	0	0%
2	2	9.09%
3	5	22.73%
4	0	0%
5	2	9.09%
6	4	18.18%
7	2	9.09%
8	1	4.55%
9	1	4.55%
非常满意	5	22.73%
本题有效填写人数	22	—

第 15 题　在旅游体验结束后，您对麓湖生态景区的满意度是_____（量表题）

本题平均分：6.91

选项	小计/人	比例
非常不满意	0	0%
1	0	0%
2	1	4.55%
3	2	9.09%
4	1	4.55%
5	2	9.09%
6	4	18.18%
7	2	9.09%
8	3	13.64%
9	2	9.09%
非常满意	5	22.73%
本题有效填写人数	22	—

第16题　在麓湖水城景区游玩活动中，您认为影响您主观满意度的因素是
_____（多选题）

选项	小计/人	比例
服务质量	8	36.36%
基础设施	8	36.36%
旅游资源质量	8	36.36%
物价水平	9	40.91%
交通便利程度	9	40.91%
其他	2	9.09%
本题有效填写人数	22	—

第17题　您对麓湖水城景区有什么不满意的地方或改进建议？（填空题）
略。

第18题　如果有机会您还愿意来麓湖水城景区吗？（单选题）

选项	小计/人	比例
我愿意再来	105	92.11%
我不愿意了	9	7.89%
本题有效填写人数	114	—

第19题　您不愿意再来麓湖水城景区的原因是什么？（多选题）

选项	小计/人	比例
距离太远了，交通不方便	36	31.58%
没有合适的时间	52	45.61%
麓湖水城景区并没有吸引我的地方	3	2.63%
本身没有出游的计划或想法	17	14.91%
知名度不高	42	36.84%
不知道麓湖水城景区有什么游玩项目	45	39.47%
其他	8	7.02%
本题有效填写人数	114	—

附录 2：刁主管对麓客岛游客进行现场访谈的摘录

第一次访谈

访谈说明：2018 年 9 月 29 日（周日）访谈记录，采用随机偶遇法进行访谈。

访谈人物一：

人物画像描述：女性，25～30 岁，成都市市区人士，打扮时尚。

问：您今天是第几次到这里来呀？

答：第一次。

问：那您是怎么知道这里的呀？

答：我看的我的朋友圈，有人发了这个。

问：那这次来玩体验怎么样，以后还想来吗？

答：不怎么样，不想来了。

问：您今天有在这里消费过吗？

答：没有，都太贵了，吃的地方也找不到几个，还很贵。

问：您是怎么过来的呀，坐船还是走陆路？

答：坐船，这里还可以走陆路吗？我都不知道。

问：那您除了冒险湾，还想游玩别的地方吗？

答：不知道还可以玩什么项目，这里连一个可以问的人都没有。

访谈人物二：

人物画像描述：男性，约 30 岁，与家人同行，带有 4～6 岁女性小孩 1 名，成都市市区人士，运动装穿着。

问：请问您经常来这里游玩吗？

答：没有，我今天是第一次来。

问：您的住宅距离这里远吗？

答：挺远的。

问：您是如何知道麓湖水城景区这个地方的？

答：我是朋友推荐来的，他之前来过，我看见了他的朋友圈然后就来了，而且麓客岛也是网红小岛嘛。

问：您是自己开车来，还是预约乘船来的？

答：我是自己开车和家人一起来的。

问：您是否知道预约乘船的方式？

答：不知道，没有了解。

问：您今天第一次来游玩，觉得体验如何？

答：嗯，挺好的，环境很好。

问：您觉得有什么让您不满意或者感觉不太完善的地方吗？

答：吃喝东西的地方太少了，我就只看见了一两个小吃摊。

159

问：不远处有两家餐厅，比如尚作餐厅人均100~400元，您能接受吗？

答：太贵了。

问：您有玩一些付费项目吗？

答：我看了一下，付费项目都是适合年龄稍大的孩子，适合年龄很小的孩子的项目太少了。

问：除了麓客岛，麓湖水城景区内还有云朵乐园是非常适合年龄较小的孩子游玩的，您有了解吗？

答：我不知道。

问：以后等孩子长大一点了，您会带他们玩付费项目吗？

答：还是看价格吧，如果价格太贵我需要考虑一下。

问：您能接受的景区票价价格区间是多少？

答：不要钱最好，如果非要说的话，100元以下吧。

问：您觉得这里更像是一个景区、公园，还是游乐园？

答：我觉得更像是一个公园吧，但是又有这么多游乐设施。

问：如果是公园，您觉得这里和其他公园有什么区别？

答：别的公园也有和这里类似的游乐设施（免费项目），但这里的环境更好，设备的品质更高。而且这里不需要门票，可以随便进入，有的公园不仅要门票，里面的游乐设施还要重新付费。

访谈人物三：

人物画像描述：女性，约40岁，成都市市区人士，衣着得体，与父母同行。

问：您今天是第几次到这里来呀？

答：第一次来。

问：那您是怎么知道这里的呀？

答：先是朋友推荐的，后来也看到微博推荐，就过来了。

问：那这次来玩的体验怎么样？

答：服务太少，工作人员太少，配套设施太少，路牌少，蚊子也比较多，挺烦人的。

问：您是怎么过来的呀，坐船还是走陆路？

答：我们是自己开车上来的，但是后来发现没有停车位了，就把车停在下面，等了很久才坐到摆渡车过来。我们也不知道有船，不知道有云朵乐园和红石公园，到了这（麓客岛）才知道。

问：以后还想来吗？

答：这儿环境挺好，有点像一个公园，但是这里没吃的，不适合老年人，可以玩的项目也比较少，下次来不来再说吧！

第二次访谈

访谈说明：10 月 4 日国庆节期间访谈记录。

访谈人物一：

人物画像描述：女大学生，年轻、时尚，与同学同行。

问：小姐姐你好，请问你是成都本地的还是外面来的呢？

答：本地的。

问：你是怎么决定到这来玩的呢？

答：是我们老师带我们来的，我们在这边来找灵感。

问：哦，意思就是你们是学美术的？

答：是的。

问：那你觉得这个地方怎么样？

答：环境还可以，多好耍的！

问：那你下次还会再来吗？

答：这个晓不得，看心情嘛。成都可选择的地方太多了。

访谈人物二：

人物画像描述：参与团建的一位 25 岁左右的白领女性，活泼开朗，运动装，衣着讲究。

问：你觉得麓湖水城景区怎么样？

答：好要哎！

问：那你觉得有什么可以改进的地方吗？

答：改进的啊？没有吧，不知道，就是感觉有点热，景观是极简式的，没有大树乘凉。

问：那你下次还会来吗？

答：要看公司安排嘛，我们都是打工的，哈哈！

问：意思就是说你自己不会单独来吗？

答：应该不得，说实话这里有点远，东西有点贵，我们平时都要上班嘛，最多可能周末来。

访谈人物三：

人物画像描述：30 岁左右，女性，衣着考究，有孩子，男孩约 7~8 岁，在达根斯俱乐部等待孩子学习马术。

问：小姐姐你好，请问你的孩子是在这学习马术，对吗？

答：是的。

问：我们想问一下，你们学这个马术花了多少钱呢？

答：一共十几万吧。我是买的 40 次的，还要交俱乐部入会费，有点贵。

问：那你一般什么时候会来这边呢？

答：空了就过来嘛，因为娃儿要学这个，所以一周就两次左右吧。

问：那你带孩子玩过这里的其他项目没有？

答：还没怎么玩儿，喂了一下动物，其他的没玩儿。

问：那你是怎么知道有这个地方的呢？

答：我就住在周围，很近，我有很多同学也带孩子在这里学习各种项目。

问：你觉得这里最吸引你的地方是什么？

答：环境好，人不杂。

附录3：刁主管团队的麓湖水城景区营销策划方案（见二维码内容）

参考文献

----

［1］BEH A, BRUYERE B L. Segmentation by visitor motivation in three Kenyan national reserves ［J］. Tourism Management, 2007 (28): 1464-1471.

［2］BERGER K, STRATTON W E, THOMAS J G, et al. Critical incidents: demand for short cases elicits a new genre ［J］. Business Case Journal, 2012, 19 (1): 46-51.

［3］BLOOM J Z. Tourist market segmentation with linear and non - linear techniques ［J］. Tourism Management, 2004 (25): 723-733.

［4］BOORSTIN D. The American - the national experience ［M］. New York: Vintage Books, 1965: 8.

［5］CARDOZO R. Customer satisfaction: laboratory study and marketing action ［J］. Journal of Marketing Research, 1964 (2): 244-249.

［6］CELLUCCI L W, KERRIGAN D, PETERS C. Case matters ［J］. Journal of Case Studies, 2012, 30 (1): 1-7.

［7］COHEN E A. Phenomenology of tourist experiences ［J］. The Journal of the British Sociological Association, 1979 (13): 179-201.

［8］CRUIKSHANK J L. A delicate experiment: the Harvard business school (1908-1945) ［M］. Boston: Harvard Business School Press, 1987.

［9］DARSONO L I, JUNAEDI C M. An examination of perceived quality, satisfaction, and loyalty relationship: applicability of comparative and noncomparative evaluation ［J］. Gadjah Mada International Journal of Business, 2006, 8 (3): 89-98.

［10］DAZ- PEREZ F M, BETHENCOURT- CEJAS M, ALVAREZ- GONZLEZ J A. The segmentation of canary island tourism markets by expenditure: implications for tourism policy ［J］. Tourism Management, 2005 (26): 961-964.

［11］ENGEL J F, BLACKWELL R D, MINIARD P W. Consumer behavior ［M］. 8th ed. New York: The Drydden, 1995: 365.

［12］FLANAGAN J C. The critical incident technique ［J］. Psychological Bulletin, 1954, 51 (4): 66.

［13］GARVIN D A. Competing on the eiglit dimenseions of quality ［J］. Harvard Business Review, 1987, 65 (11): 101-103.

［14］GRONROOS C. Service management: a management focus for service

competition [J]. International Journal of Service Industry Management, 1990, 1 (1):
21-26.

[15] LEENDERS M R, ERSKINE J A. Case research: the case writing process
[M]. London: Research and Publications Division, School of Business Administration, U-
niversity of Western Ontario, 1978: 98-112.

[16] MAYNES E S. The concept and measurement of product quality [J].
Household Production and Consumption, 1976, 40 (5), 529.

[17] MOORE D G. The case method of teaching human relations and administration
[J]. The American Journal of Sociology, 1954, 60 (3): 314-315.

[18] NAMKUNG Y, JANG S C. Does food quality really matter in restaurants? Its im-
pact on customer satisfaction and behavioral intentions [J]. Journal of Hospitality and
Tourism Research, 2007, 31 (3): 387-409.

[19] OLIVER R L. Satisfaction: a behavioral perspective on the consumer [M].
New York: McGraw-Hill, 1997.

[20] OLSON J C, JACOBY. Research of perceiving quality [J]. Emerging Concepts
in Marketing, 1972 (9): 220-226.

[21] PARASURAMAN A, ZEITHAML V A, BERRY L L. A conceptual model of
service quality and its implications for future research [J]. SAGE Publications, 1985, 49
(4): 45-51.

[22] PARASURAMAN A, ZEITHAML V A, BERRY L L. Alternative scales for
measuring service quality: a comparative assessment based on psychometric and diagnostic
criteria [J]. JAI, 1994, 70 (3): 56-61.

[23] PARK D B, YOON Y S. Segmentation by motivation in rural tourism: a Korean
case study [J]. Tourism Management, 2009 (30): 99-108.

[24] SCHMITT B H. Experiential marketing [J]. Marketing Management, 1999,
15 (1): 53-67.

[25] SMITH K H. Implementing the "marketing you" project in large sections of
principles of marketing [J]. Journal of Marketing Education, 2004, 26 (2): 123.

[26] STAUSS B, WEINLICH B. Process-oriented measurement of service quality
[J]. European Journal of Marketing, 1997, 31 (1): 79-81.

[27] STONE-ROMERO E F, STONE D L, GREWAL D. Development of a multidi-
mensional measure of perceived product quality [J]. JAI, 1997, 2 (1): 11-19.

[28] ZEITHAML V A, PARASURAMAN A. The behavioral consequences of service
quality [J]. Journal of Marketing, 1996, 60 (2): 31-46.

[29] 曹正文. 把握案例教学的几个关键点 [J]. 太原大学教育学院学报, 2008
(2): 46-49.

旅/游/管/理/类/教/学/案/例/研/究

［30］常莹. 旅游中职教育中的案例教学法研究［D］. 桂林：广西师范大学，2014.

［31］晁钢令. 市场营销学［M］. 上海：上海财经大学出版社，2003.

［32］陈立群，常颖. 对MBA案例教学"困境"的断想［J］. 学位与研究生教育，2003（8）：24-26.

［33］陈丽. 案例教学在高校课堂的运用探讨［J］. 教育教学论坛，2018（37）：188-189.

［34］陈帘伃. 体验质量对情绪、价值、体验满意度、承诺及行为意图影响之研究：以台湾现代戏剧演出为例［D］. 新北：辅仁大学，2004.

［35］程鸿群，邱辉凌，邹敏，等. 住宅物业服务质量评价［J］. 珞珈管理评论，2013，2：94-96.

［36］程圩，马耀峰，隋丽娜. 不同利益细分主体对韩国旅游形象感知差异研究［J］. 社会科学家，2007（4）：118-120，128.

［37］崔树银. 参与式案例教学在公共管理类课程教学中的应用［J］. 现代教育科学，2010（7）：167-169.

［38］戴文博，朱方伟. 案例教学知识转移机理研究［J］. 管理案例研究与评论，2013，6（6）：501-511.

［39］董观志，杨凤影. 旅游景区游客满意度测评体系研究［J］. 旅游学刊，2005（1）：27-30.

［40］董志文，董效臣. 高校旅游管理专业实践教学改革探讨：以中国海洋大学旅游管理专业为例［J］. 山东省青年管理干部学院学报，2005（1）：99-101.

［41］冯国珍. 二十一世纪饭店经营与管理发展趋势［J］. 江西社会科学，1999（12）：3-5.

［42］傅永刚，王淑娟. 管理教育中的案例教学法［M］. 2版. 大连：大连理工大学出版社，2014.

［43］高琼. 旅游管理专业案例教学法的运用［J］. 湖北经济学院学报（人文社会科学版），2007（9）：180-181.

［44］郭德红. 案例教学：历史、本质和发展趋势［J］. 高等理科教育，2008（1）：22-24.

［45］郭文臣，王楠楠，李婷婷. 描述型案例和决策型案例的采编［J］. 管理案例研究与评论，2014，7（5）：427-435.

［46］郭肇元. 休闲心流经验、休闲体验与身心健康之间关系探讨［D］. 台北：台湾政治大学，2003.

［47］郭忠兴. 案例教学过程优化研究［J］. 中国大学教学，2010（1）：59-61.

［48］韩进之. 教育心理学纲要［M］. 北京：人民教育出版社，1989.

［49］韩亚芬，李琦. 规划类课程案例教学的现状调查与分析［J］. 宿州学院学

报，2011，26（7）：105-108.

［50］何志毅. 中国管理案例教学现状调查与分析［J］. 经济与管理研究，2002（6）：26-31.

［51］胡伟，李豪，李婧. 会计硕士专业学位研究生案例教学研究［J］. 当代教育理论与实践，2018，10（1）：109-114.

［52］胡亚琴. 对中国主题公园现状及未来发展趋势的探讨［J］. 科技信息，2009（9）：579-580.

［53］黄劲松. 基于建构主义的工商管理案例教学方法论［J］. 管理案例研究与评论，2009，2（5）：350-355.

［54］黄燕玲. 基于旅游感知的西南少数民族地区农业旅游发展模式研究［D］. 南京：南京师范大学，2008.

［55］江腾飞，李春芳. 基于"产、学、研"深度融合的旅游管理专业硕士（MTA）培养模式创新研究：以福建师范大学旅游学院为例［J］. 新疆广播电视大学学报，2019，23（1）：21-25.

［56］科特勒，凯勒. 营销管理：第九版［M］. 上海：上海人民出版社，1999.

［57］李明武，张天勇. 我国管理学科案例教学存在的问题及对策［J］. 经济与社会发展，2004（4）：173-174.

［58］李淑燕. 案例教学法在旅游管理教学中的应用［J］. 中国成人教育，2010（24）：157-158.

［59］梁颖. 多维立体案例教学模式：以公共部门人力资源管理课程为例［J］. 高教学刊，2018（5）：100-102.

［60］廖珍杰. 对传统旅游景区战略定位更新的思考［J］. 武汉商业服务学院学报，2011（6）：27-30.

［61］刘旭. 中国与美日 MBA 学位教育适用性的比较研究［D］. 重庆：重庆大学出版社，2009.

［62］刘志迎，张孟夏. 工商管理教学案例的课堂检验探讨［J］. 管理案例研究与评论，2017，10（4）：419-428.

［63］马骏. 旅游产品质量分析评价方法初探［J］. 商场现代化，2006（32）：267.

［64］每日经济新闻. 全国 2 500 个主题公园博弈战打响，9 成不赚钱，盈利模式待考［EB/OL］.（2015-05-06）［2020-05-04］. http：//www. 1sy1. com/ppsj/show. asp？id＝115365.

［65］苗雨君，盛秋生，邵仲岩，等. 工商管理类专业企业管理案例教学理论与实践研究［J］. 产业与科技论坛，2007（7）：108-109.

［66］宁骚. 公共管理类学科的案例研究、案例教学与案例写作［J］. 新视野，2006（1）：34-36，61.

［67］欧丽慧. 整合式工商管理专业硕士（MBA）案例教学模式研究［D］. 上海：华东师范大学，2018.

［68］沈波. 论管理案例与管理案例教学法［J］. 南京广播电视大学学报，2003（1）：69-71.

［69］宋华明，杨慧，马义中，等. 分时段管理案例教学法研究［J］. 管理案例研究与评论，2009，2（6）：430-434.

［70］苏州大学社会学院科协调查研究部编委会. 问卷统计分析与 SPSS 应用［Z］. 17 版. 苏州：苏州大学，2009.

［71］孙赛云. 案例教学在管理类课程中的运用模式的探讨［J］. 科协论坛（下半月），2009（5）：172-173.

［72］瓦伏拉. 简化的顾客满意度测量：ISO9001：2000 认证指南［M］. 北京：机械工业出版社，2003.

［73］涂玮，刘庆友，金丽娇. 基于自组织神经网络的居民区域旅游影响感知研究：以安徽省灵璧县为例［J］. 旅游学刊，2008（9）：29-34.

［74］托夫勒. 未来的冲击［M］. 黄明坚，译. 北京：中信出版社，1970.

［75］汪中求，吴宏彪，刘兴旺. 精细化管理［M］. 北京：中国法制出版社，2005.

［76］王俊超. 游客生活形态及其休闲体验之研究［D］. 彰化：大叶大学，2007.

［77］王心美. 现代营销系统之研究：行销策略与顾客管理之研究［D］. 长沙：中南大学，2004.

［78］吴长亮. 景区开发市场定位策略及实例分析［J］. 商业时代，2010（18）：39-40.

［79］武亚军，孙轶. 中国情境下的哈佛案例教学法：多案例比较研究［J］. 管理案例研究与评论，2010，3（1）：130-135.

［80］邢振江，徐文涛. 情景模拟教学案例教学的拓展和深化［J］. 未来与发展，2010（9）：85-87.

［81］徐彩飞. 案例教学法在酒店服务与管理专业培养中的应用［J］. 绍兴文理学院学报（自然科学），2012，32（2）：112-114.

［82］徐延宇. 案例教学及其运用［D］. 长沙：湖南师范大学，2002.

［83］许峰. 成都国际旅游营销的市场细分与定位研究［J］. 旅游学刊，2008（2）：36-40.

［84］阳雨君. 构建主义学习观与自主学习能力的培养［J］. 教育教学论坛，2013（17）：106-108.

［85］杨素兰. 环境体验、体验价值、顾客满意与行为意向之研究［D］. 台北：台北科技大学，2004.

167

［86］雍天荣.“SQARE”教学法在旅游策划案例教学中的运用初探［J］.绵阳师范学院学报，2019，38（1）：83-87.

［87］余红剑，桑维泽，郝新颖.高校课堂案例教学评价方法研究［J］.宁波职业技术学院学报，2017，21（5）：48-51.

［88］庾小玲，生延超.案例教学在旅游经济学中的应用［J］.湖南商学院学报，2006（1）：113-116.

［89］张东娇.比较视野中的中国“案例教学”：基于毅伟商学院案例教学经验的分析［J］.比较教育研究，2016，38（11）：71-77.

［90］章昌平，闰春.经管类大学生创新创业案例情境教学的拟态环境构建［J］.高教论坛，2017（11）：44-50.

［91］赵丽丽，南剑飞.旅游景区游客满意度TSD模型研究［J］.企业管理，2006，11：36-38.

［92］郑金洲.案例教学指南［M］.上海：华东师范大学出版社，2000.

［93］周新华.“案例教学”的实践与思考［J］.上海教育科研，2002（3）：51-53.

［94］朱方伟，孙秀霞，宋昊阳.管理案例采编［M］.北京：科学出版社，2014.

［95］朱瑞华.案例教学的实践与思考［J］.现代商贸工业，2007（2）：69-70.

［96］朱晓慧.旅游管理专业案例教学法研究［D］.大连：辽宁师范大学，2011.

旅／游／管／理／类／教／学／案／例／研／究